EL
SENDERO
A LAS
RIQUEZAS

en

Piense y Hágase Rico

por
Judith Williamson
y
Autores Colaboradores

Una publicación de
Fundación Napoleon Hill

Published and Distributed by
SOUND WISDOM
PO Box 310
Shippensburg, PA 17257-0310
717-530-2122

info@soundwisdom.com

www.soundwisdom.com

Jacket design by

Text design by

ISBN 13: 978-1-64095-258-4

ISBN 13 eBook: 978-1-64095-259-1

For Worldwide Distribution, Printed in the U.S.A.

1 2 3 4 5 6 / 26 25 24 23 22

ÍNDICE

En alguna parte, conforme vaya leyendo estas páginas, el secreto al que me refiero saltará de cualquiera de ellas ante usted; ¡Si es que está usted dispuesto a recibirlo! Tan pronto aparezca, lo reconocerá de inmediato. Ya sea que lo identifique en el primer capítulo, o en el último, en ese momento deténgase por un instante y haga un brindis, en honor de ese momento que marcará el cambio más importante de su vida.

—NAPOLEÓN HILL

PRÓLOGO

por
Judith Williamson
Valparaíso, Indiana

¡La Magia ESTÁ dentro de USTED!

Piense y Hágase Rico es la obra más vendida, y lectura motivacional clásica de todos los tiempos que sigue inspirando diariamente a un sinnúmero de personas de todas las naciones y nacionalidades en todos los ámbitos de la vida. Este libro es de una vigencia absoluta al paso del tiempo y una obra que capta la atención del lector desde la primera frase -

> *Ciertamente, "los pensamientos son cosas" y cosas muy poderosas cuando se mezclan con firmeza de propósito, perseverancia y un ardiente deseo de traducir todo ello en riqueza u otros objetos materiales*

Su influencia hipnótica sobre cada tipo de lector da fe de esa conciencia profundamente arraigada en la motivación personal que el autor Napoleón Hill tenía mientras escribía este libro. El deseo del Dr. Hill por compartir la fórmula para la adquisición de riquezas duró toda su vida. Leyó, se entrevistó, recopiló y afinó sus investigaciones hasta que fue capaz de ofrecer al mundo las riquezas que compartió a través de este libro. El tesoro de **Piense y Hágase Rico** es enorme, pero de diferente valor para cada lector. Todo depende del lugar en que se encuentre en su travesía por la vida, en la búsqueda de riqueza financiera, espiritual, física o emocional. La comprensión de este viaje de vida es una de las múltiples llaves que abren la puerta de acceso al secreto, que Napoleón Hill afirma, se presenta directamente ante usted conforme avance en la lectura de esta obra. Sin embargo, la pregunta sigue siendo: "¿Cómo hacerle para el aprovechamiento de estas riquezas, que son tan abiertamente discutidas en este clásico de 1937?"

No soy la primera persona en afirmar que muchos lectores fracasan en su intento por descubrir el "secreto" implícito entre las páginas del libro. La gente lee y vuelve a leer el libro un sinnúmero de veces y a pesar de ello siguen sin hallar la "clave" que el Dr. Hill logró revelar tan abiertamente en sus escritos. Algunas personas buscan un código oculto, una idea poco convencional o incluso algo relacionado con lo oculto, sin embargo les aseguro que lo mejor es dejar de buscar oro en donde no existe, porque el secreto no está en ninguna de estas opciones.

Constantemente, me preguntan acerca del lugar en donde yace enterrado el secreto dentro del libro, y de cómo ponerlo a trabajar de inmediato para generar ingresos. Incluso la gente ha acusado a la Fundación de negarse de manera egoísta a revelar la ubicación del secreto por temor a la pérdida financiera. Lo que ignoran todos estos buscadores del secreto es que su fracaso para encontrarlo se debe a que su sitio de ubicación siempre ha estado allí – en el interior de cada uno de ellos. Cuando se confrontan con esta posibilidad, las personas no creen en la probabilidad de que este tesoro se localice justamente dentro de ellos mismos – y allí depositado desde el nacimiento por un benevolente Creador para el desafío de cada individuo en la vida a fin de desarrollar su potencial al máximo.

Sé de muchas personas de éxito que han encontrado el anhelado secreto en la lectura de este libro y que lo han aplicado en beneficio personal en sus vidas. Así también sé de muchas otras que han leído el libro varias veces sin conseguir ser mejores de lo que lo eran antes de la lectura. ¿Qué es lo que hace la diferencia en el efecto que este libro produce, y de qué manera una persona puede adquirir la capacidad de explotar las riquezas enterradas en esta obra clásica inspiradora de autoayuda?

En primer lugar, considere la idea de que el éxito en la vida en general es provocado por algún tipo de acción realizada por una persona. Este éxito generado por esa acción también tiene que ver con un área de intensidad en el interés personal que la misma persona descubre dentro de sí misma. Esta persona sabe lo que le gusta y lo que no le gusta. Sabe en lo que es habilidoso y no lo es. En resumen, ha llevado a cabo un autoanálisis personal y por lo mismo tiene una buena idea de quién es.

En segundo lugar, el pensamiento por sí solo no es suficiente para la producción de resultados. El pensamiento más la acción, es la fórmula repetible que genera resultados en la vida de una persona. El pensamiento es el precursor de la acción, y lo cierto es que la gente exitosa suele seguir a sus pensamientos con la acción inmediata para crear resultados positivos en sus vidas.

Y en tercer lugar, el pensamiento, cuando es emocional produce resultados más rápidos cuando se traduce en acción, debido a que el corazón y la mente se involucran en el proceso total y elevan el nivel de energía dirigida hacia el resultado. Los motivos, tanto positivos como negativos, contribuyen a un acelerado proceso de consecución de los objetivos. Asegúrese de que su deseo no sea un deseo frío o neutral, sino que esté cobijado por el calor de una intensidad emocional, para que pueda ver resultados inmediatos. Mi formula personal del éxito, que gusto de proclamar y compartir con mis alumnos es: Pensamiento + Acción con Emoción = Éxito. Y siempre trabajo bajo el supuesto de que el objetivo en cuestión sea positivo para que el resultado sea también positivo.

Sin embargo, usted puede o no seguir al pie de la letra esta fórmula. Por ello y en reconocimiento a aquellas personas que han descubierto el secreto de **Piense y Hágase Rico**, les he solicitado compartir con ustedes, lectores de la obra del Dr. Hill, algunos de sus valiosísimos consejos para lograrlo. Todos estuvieron de acuerdo en ofrecer sus hallazgos y conclusiones. En este libro titulado **El Sendero a las Riquezas**, veintitrés lectores de la obra **Piense y Hágase Rico** les ofrecen la oportunidad de aprender de sus propias experiencias en este viaje.

Napoleón Hill nos recuerda a menudo que cuando el alumno tiene disposición aparece el maestro. Este libro le ofrece a usted, el estudiante, un gran conglomerado de profesores, que fungirán como guías en su travesía, quizás profesores con almas gemelas, con plena convicción y seguridad de haber descubierto y aplicado el secreto de **Piense y Hágase Rico** en sus vidas. Y no sólo eso, sino que han logrado mejorar sus vidas debido a la lectura y aplicación de esta profunda obra.

Al concluir su referida obra, Napoleón Hill cita a Emerson con las siguientes palabras: "Si tenemos algo en común nos habremos encontrado a través de estas páginas." Del mismo modo, si usted es un buscador sincero del secreto que el Dr. Hill se compromete a entregar en su libro, se identificará con estos grandes colaboradores del **Sendero a las Riquezas** como si fueran familiares suyos que le guiarán en la dirección correcta. Cada colaborador ha contribuido gratuitamente, sin compensación por su tiempo y talento para ayudarle a usted en la búsqueda de su verdad. Cada uno recorrió la milla extra para contribuir con el "secreto" que ellos descubrieron, con la esperanza de que sirvan de pistas en su viaje al logro de las riquezas en sus vidas.

Deseo que establezca una relación especial con nuestros colaboradores y en particular ¡agradecer a cualquiera de ellos por haberle ayudado a descubrir el secreto para el éxito!

Procure Siempre Ser Mejor,
Judith Williamson

Acerca de Judith Williamson

Judith Williamson, es Directora del Centro Mundial de Enseñanza Napoleón Hill en la Universidad Purdue Calumet, y por más de 25 años ha estudiado la filosofía motivacional de Napoleón Hill. Ha enseñado la Ciencia del éxito del Dr. Hill a estudiantes de todo el mundo y es autora de varios libros en colaboración con la Fundación. Ha sido profesora en escuelas públicas y administradora, y su pasión por la educación ha sido la base del éxito de los programas y proyectos de liderazgo de la Fundación.

"Oh Dios mío, ¿no me vas a comprar un Mercedes Benz?"

- Janis Joplin

por
Dr. J.B. Hill
Bridgeport, West Virginia

Permítanme antes que nada anticiparles que mi línea sanguínea no me dota de algún conocimiento especial o profundo de mi abuelo Napoleón Hill o de su filosofía del éxito. A lo sumo, mi relación con él me permitió hacer uso de su filosofía en mi vida antes de que otros lo hicieran, pero aún así, sigo siendo su alumno hasta la actualidad y sigue sorprendiéndome su obra.

Muchas, muchas personas han leído e incluso estudiado **Piense y Hágase Rico**, pero parece que nunca se ponen de acuerdo. ¿Cuál es la razón? ¿Existe realmente un secreto escondido dentro? ¿O se trata de un caso de falsa expectativa? La respuesta es sí, en efecto, hay un secreto y se esconde detrás de su propia sencillez. A pesar de esto, Napoleón Hill se negó a precisarlo, al parecer porque el secreto funciona "mejor" para aquellos que lo descubren por sí mismos.

Napoleón Hill utilizó 381 páginas de texto escrito para esbozar el secreto, sin embargo, a mi me llegó a través de tan solo cuatro palabras de una silaba. Por desgracia, no creo que pueda transmitir la comprensión completa de manera tan sucinta. Una presentación tangencial puede ser necesaria y esto puede ser la razón por la que el Dr. Hill quizás optó por darle forma a través de un libro. No lo sé, más bien lo que sé, es que yo también me veo forzado a proporcionar un contexto para añadirle un sentido. Por eso trato de describir la riqueza de color que aporta a la vida de una persona que ha vivido hasta entonces en la ceguera. Esto se puede hacer, pero la comprensión completa sólo puede lograrse a través de la conceptualización de la analogía. Si Hill estuvo en lo correcto acerca de la autoexploración, haciendo que el secreto fuera más esotérico, puede no ser del interés de quienes probablemente lean estas líneas. Sin embargo, sé por experiencia personal que no puede ser plenamente comprendido sino hasta que llega el momento justo y su interpretación es muy personal. Cuando llegó a mí, el cabello se me erizó en la parte trasera de mi cuello antes de que la calma me asediara. Fue algo personal, muy personal - tan personal como mi salvación. Hay una verdad universal con respecto a la salvación en el sentido que la podemos distinguir fácilmente, pero entenderla solo se logra cuando nos sucede personalmente. Se tiene que experimentar. Sólo cuando creemos, optamos por la salvación y por tener éxito.

Ahora, voy a relatarles lo que descubrí hace mucho tiempo y que cambió mi vida para siempre. Supongo que todo comenzó cuando tenía 12 años y me presentaron con mi abuelo. Pasamos dos días con él en Greenville, S.C. Durante mi estancia, mi abuelo Napoleón me entregó una copia de **Piense y Hágase rico** firmada con tinta verde en el interior de la cubierta. Puso el libro en mis manos y me dijo que lo leyera. Le prometí que así lo haría.

Leí el libro ese verano, y mientras lo leía pensé simplemente que era entretenido, sin que despertara algo más en mí. En realidad, a los 12 años no tenía metas en la vida excepto mantenerme alejado de problemas. Aún no estaba listo para comprender este libro. Esto cambió.

A los 23 años, empecé a darme cuenta que no estaba en el camino correcto. A temprana edad me independice de mi familia y por algún tiempo tomé mis propias decisiones. Desafortunadamente, tenía que vivir con los resultados derivados de esas decisiones tomadas. Perdí una beca completa, deje la universidad, y fui reclutado en las fuerzas armadas como soldado raso. Estaba solo, solitario y había empezado a andar la deriva por la vida.

Andar a la deriva es una de las principales razones por las que se fracasa en la vida. Suele sucederles a las personas que no pueden o no toman decisiones traducidas en acciones. A todos aquellos que han perdido el objetivo necesario que sustente su impulso hacia el logro de sus metas. A las personas que están atrapadas en su trabajo por la seguridad y comodidad que este le proporciona. Y en todos aquellos que andan por la vida sin meta alguna.

Yo me encontraba dentro de este último grupo…que carecían de metas. Andaba sin rumbo fijo y carente de metas por la vida, esperando que algo sucediera. Sabía que necesitaba de un cambio en mi vida…pero ¿cómo lograrlo? No tenía dinero, ni educación y la mínima intención de recurrir a mi familia por ayuda.

La respuesta llegó a mí después de comprar otra copia de **Piense y Hágase Rico** para llevarla a casa y leerla. Sólo que esta vez fui más receptivo y leí el libro hasta en dos ocasiones. La primera lectura me dejó emocionado pero sin poder encontrar el secreto. Sabía que algo había pasado por alto así que inicié mi segunda lectura, pero ahora tomando notas. Había llegado a la sección dedicada a las excusas, cerca del final del libro, cuando de pronto sentí que los cabellos de mi nuca se me erizaron y comencé a entender. Recuerdo haber escrito que si quería hacer algo, lo tenía que hacer con fe y comprometiéndome a esa fe.

Decidí retomar mis estudios y elaboré un plan que lo puse en acción. Funcionó. Y un año después, estaba en la Universidad Vanderbilt estudiando ingeniería. Me gradué tres años y medio después, fui el doceavo de mi clase en una de las mejores universidades de Estados Unidos. Me transformé en otra persona.

Para llegar ahí, apliqué los pasos que había leído en **Piense y Hágase Rico**. Establecí una meta, recorrí la milla extra, use mi mente subconsciente,.... Hice todo lo que decía y logré recuperar mi beca total, terminé mi carrera antes de tiempo, y me gradué con honores. Fue así que alcancé el éxito, usando los mismos principios que mi abuelo había establecido en su obra. Pero no fue y no es el secreto transmitido en **Piense y Hágase Rico**. Fue solo la receta del éxito y algo que había erizado mis cabellos. El Secreto era algo más.

El general George Goethals[1] en cierta ocasión les dijo a sus subordinados: "¿Hasta cuándo espera llevar a cabo las cosas maravillosas que han soñado hacer? ¿Por qué no empezar? ¿Qué los detiene? ¿En dónde está su valor? ¿Por qué no empezar ya? ¿Esperan acaso que algo bueno les suceda, que la suerte o alguien venga en su ayuda? Si usted tiene la costumbre de postergar y posponer proyectos, a la espera de mejores condiciones, nunca llegará a ninguna parte. Lo primero es empezar. El mundo está lleno de personas fracasadas y que andan por la vida proyectando mediocridad, simplemente por no decidirse a empezar y atreverse. "*¡No se atrevió a empezar!* sería un epitafio apropiado para millones y millones de mediocres y fracasados." [2]

Elbert Hubbard[3] escribió: "El mundo recompensa con grandes premios, en dinero y honores, a cambio de una sola cosa, la iniciativa."

Por lo tanto, tener iniciativa y asumir acciones son medidas claramente importantes. Hill, Goethals y Hubbard ciertamente así lo pensaban, al igual que también BC Forbes y Clement Stone. En mi caso, yo tomé la iniciativa de cambiar mi vida y asumir la acción que necesitaba para conseguir el éxito aunque, nuevamente, al hacerlo no fue a través del secreto de **Piense y Hágase Rico**. Era sólo parte de una receta que todos conocemos muy bien. El secreto era algo más.

Cuando leí **Piense y Hágase Rico** por segunda vez hace mucho tiempo, me di cuenta que tenía en mis manos la receta para el éxito. Era la clave para conseguir todo lo de valor que anhelara -lo mismo la seguridad financiera, que las relaciones personales y la felicidad. Era una receta que cualquiera podía hacer y que yo lo hice. Está a la disposición de todos. Sólo dependió de mi.[4]

[1] Mayor General George Washington Goethals es conocido como el constructor del canal de Panamá y fungió como el primer Gobernador Civil en la zona del canal de Panamá.

[2] *Las claves del éxito* por B.C. Forbes; Página 102; Copyright, 1917, 1918, 1926.

[3] Elbert Green Hubbard (Junio 19, 1856 – Mayo 7, 1915) fue un escritor, publicista, artista y filosofo estadounidense que escribió *Un Mensaje para García*.

[4] *"Todas las grandes verdades son simples en el análisis final, y fácilmente entendibles; si no lo son, entonces no serán grandes verdades."*–Napoleon Hill

---

Acerca del Dr. J.B. Hill

El Dr. J.B. Hill es hijo de David Hill, el hijo menor de Napoleón Hill. El Dr. Hill es un marino retirado con licenciaturas en ingeniería, medicina y matemáticas. Está certificado en medicina familiar y ejerce en Bridgeport, WV. Puede contactar al Dr. Hill a través del Centro Mundial de Enseñanza Napoleón Hil, 2300 173rd Street; Hammond, IN 46323-2094.

El Secreto dePiense y Hágase Rico de Napoleón Hill

por
Philip McCauley
Dublin, Irlanda

Los Estudiantes esperan…. al Maestro

Se dice que "¡cuando el alumno está listo... el Maestro aparece!" Aunque este principio puede ser universalmente aceptado... la regla no aplica estrictamente en mi profesión. Yo tengo la suerte de tener la oportunidad de encontrar todos los días a muchos, muchos estudiantes.... que no necesariamente están listos o dispuestos a encontrarse con un Maestro... quienquiera que éste sea... ¡y en eso yace el secreto de su éxito!

"Educo" la palabra que significa "extraer, educir o desarrollar desde dentro" es la ideología correcta, que debe aplicarse a la esfera de la educación. Tristemente sin embargo, es lo contrario lo que más a menudo se aplica. En mi papel como maestro de escuela secundaria y preparatoria, soy testigo diariamente, de un sistema de educación que es impositivo y obligatorio en todo el mundo occidental y más allá. Es un sistema, que creo firmemente va en contra de todo aquello que debería ser desarrollo y nutrición de conocimientos en el campo de la educación. Este sistema al que aludo asume que todos los estudiantes deben ser tratados simplemente como "recipientes vacíos" esperando a ser llenados. Es un sistema que mata el espíritu, sacia la sed de "conocimientos especializados" y frecuentemente... destruye las almas de muchos simples mortales. El sistema general de educación de nuestros estudiantes que existe hoy en día debería ser sometido a juicio, al escrutinio y llevado hasta una corte por no educar debidamente a sus alumnos. Si así fuera, por mi parte, ya conocería el veredicto... culpable de todos los cargos. Y como testigo de cargo, llamaría a declarar a algunas de las personas más exitosas y educadas de todo el mundo y se me vienen a la mente algunos nombres como Henry Ford, John Wanamaker y Thomas A. Edison.

Todos ellos ¡educados, Sí...pero ¡NO con escuela!

Como alguien que ha estado en el frente de batalla de la educación durante más de doce años, puedo decir con seguridad que experimenté de primera mano, un intenso nivel de frustración que he compartido por igual tanto con mis estudiantes como con mis colegas. Era una frustración similar a sentirme aprisionado por los grilletes de la conformidad y programas de estudios interminables. Frustración, que es compartida por mucha gente involucrada en el campo de batalla de la educación. La flagrante falta de "educación financiera" y la carencia de promoción del "libre pensamiento" en nuestras escuelas es indicativo de un sistema que reprime la esencia y el espíritu libre de la educación y es la responsable de crear empleados en lugar de empleadores, ¡seguidores en lugar de líderes de éxito! Mi frustración con este sistema se disolvió el mismo instante en que descubrí ese "secreto" que reposaba en silencio a la espera de su descubrimiento entre las numerosas hojas polvorientas de una copia de ¡**Piense y Hágase Rico!** del Dr. Napoleón Hill.

Piense y Hágase Rico es un libro que llama su atención desde los estantes de libros. Es un titulo que lo atrae ¡como una sirena atrae a los pescadores! Una vez que se involucra en la lectura... crea una especie de adicción similar al de un narcótico o una substancia. Cualquier libro que compromete de esta forma a su lector, con la promesa de revelarle un secreto de abundante riqueza justifica cualquier precio que se tenga que pagar por adquirirlo. Yo estaba intrigado y me decidí a involucrarme en descubrir ese "secreto" que el autor promete en el prólogo y que se menciona no menos de cien veces a lo largo de la lectura del libro. Lo que llamó mi atención fue el hecho de que el Dr. Hill promete sólo "mencionar" el secreto y no de forma explícita ¡darlo a conocer! Él nos dice que el secreto es, de hecho, expuesto claramente a los ojos de los lectores, y sin embargo mucha gente afirma haber fracasado en descubrirlo. ¿Cómo puede ser esto? ¿Cómo puede un secreto ser mencionado no menos de cien veces en un libro y, sin embargo las personas no logran identificarlo? Este fue un viaje de descubrimiento que emprendí yo solo y que ahora afortunadamente, cuento con el mapa de localización para beneficio de muchos de mis estudiantes, conminándolos a emprender "el camino menos transitado". Que es el mismo camino que recorrí y me permitió descubrir el secreto a **Piense y Hágase Rico.**

Herramientas de Trabajo

Como educador, los libros son mis herramientas de trabajo y por lo general marcan un curso de acción establecido a seguir, que cuando se hace correctamente nos llevan a un destino deseado. Esto no sucede en el caso de del libro **Piense y Hágase Rico**. En este caso es una obra que sugiere que uno puede descubrir su "razón de ser" en el primero o en el último capítulo y de hecho en cualquier capítulo del mismo libro. ¿Qué tipo de libro, pensé, podría ser escrito de tal modo que desde el primer capítulo lograra cumplir con su propósito?... ¡pero sólo si se fuera capaz de distinguir ese propósito! Esta premisa iría en contra del sistema de educación a la que muchos atribuyen parte de su éxito. Un sistema en el que se debe seguir un determinado conjunto de reglas ¡para llegar a un destino determinado! Sin embargo, 500 de las personas más ricas del mundo, atribuían SUS éxitos, al hecho de haber descubierto esta ruta alternativa y secreto de su éxito, ¡lo mismo en el capítulo uno, que en el último capítulo de **Piense y Hágase Rico**!

¿En dónde está y cuál es el secreto?

Entonces, ¿cómo se puede empezar a buscar un secreto, si en esencia no sabes exactamente qué es lo que estás buscando? Y habiéndolo descubierto, ¿cómo puede uno estar seguro de que eso realmente es el secreto? Después de todo, acaso ese secreto no se supone que es solo eso... ¡un secreto! O sea, intencionalmente oculto de aquellos que se supone no deben "saber" de su existencia por así decirlo. Por su propia naturaleza, se supone que un secreto no se debe compartir, discutir o transmitir, excepto para sólo algunos que son los elegidos. Allí es donde radica el genio del Dr. Napoleón Hill; de haber recibido "el secreto", cuando Andrew Carnegie... el astuto y amable escocés descuidadamente lo arrojó en su mente cuando él era sólo un muchacho", permitiéndole y hasta instruyéndolo de cómo transmitirlo y hacerlo públicamente disponible, pero UNICAMENTE para aquellos que pudieran hacer uso de su poder, sin abusar de las posibilidades que ofrece y asegurándose de que no se perdieran para las generaciones futuras. "Así que el reto que se le presentó a Napoleón Hill fue, pasar veinte años acumulando los conocimientos y sabiduría para crear un mapa de la ruta para encontrar el secreto atesorado. Luego, asegurarse de que este mapa fuera disponible para todos, pero que sólo pudiera ser entendido por aquellos "dispuestos y suficientemente decididos" para mantener el rumbo, seguir el camino, buscar direcciones, leer las señales y asegurarse de que al llegar a su destino supieran identificar si ninguna duda "¡haber logrado su objetivo!". De hecho Napoleón Hill instruye al lector en su prólogo que "tan pronto aparezca lo reconocerá inmediatamente. Si lo recibe en el primer capítulo, o en el último, deténgase un momento cuando se presente y haga un brindis, pues ese momento marcará el cambio más importante de su vida."

Yo les explico todo esto a mis alumnos como parte del cómo y el por qué este libro llegó a existir y por qué millones de copias se han vendido en todo el mundo. Esta es la razón, les explico, por la que mucha gente en la historia atribuyen su éxito a la lectura de ESTE libro ¡más que a cualquier otra influencia en sus vidas! En seguida, procedo a instruirles en lo referente al mapa, el camino a recorrer y la búsqueda del secreto de Carnegie a la riqueza abundante. Y es precisamente en ese momento ¡que soy testigo del secreto en acción de primera mano!

El Secreto en Acción

En mi primer párrafo, aludí al hecho de que algunos estudiantes ¡no siempre son muy receptivos a la idea de ser formalmente tutelados o seguir instrucciones! Y es en esta resistencia que logré descubrir el secreto de Carnegie.

He tenido el privilegio de enseñar a estudiantes durante trece años en escuelas conocidas como centros educativos para gentes de escasos recursos. Esta designación asume, por su concepto, que los estudiantes son de distintos orígenes y socialmente desfavorecidos, incluidos aquellos provenientes de hogares destruidos, familias disfuncionales y con distintos niveles de pobreza.

Y digo que soy privilegiado, porque ha sido precisamente a través de mi diario interacción con mis estudiantes que logré descubrir el secreto de Carnegie. El secreto de **Piense y Hágase Rico** es ciertamente sencilla, pero cuando se le lleva al campo de la acción ¡tiene una fuerza formidable que no conoce fronteras, no reconoce límites ni barreras y es capaz de derribar CUALQUIER obstáculo lo suficientemente absurdo como para tratar de obstruirlo! El secreto al que me refiero, creo yo tiene el rasgo de poder ser descubierto a través de la mentalidad y los ojos de un niño... porque, cuando se ve a través de un prisma así, ¡se distingue este secreto a su máxima potencia¡

Los estudiantes de escasos recursos provienen de una diversidad de orígenes e ideologías por lo que sería imprudente e injusto establecer comparaciones. Sin embargo, a lo largo de mis años de enseñanza, he llegado a identificar un rasgo común muy claro que une a mis estudiantes en su conjunto y los distingue de otros que conozco y que es; ¡su determinación inquebrantable de resistir al sistema y un sentido de lealtad que ningún dinero nunca podría comprar! Después de haber leído **Piense y Hágase Rico**, me pregunté qué sucedería si el mapa del camino a la riqueza de Carnegie estuviera al alcance de algunos de estos estudiantes, siempre y cuando ya estuvieran preparados para ello. Había planeado observar como evolucionaría gradualmente el secreto en mis alumnos a partir de la lectura del libro. Mi idea preconcebida de que todo sigue un curso gradual de evolución fue derribada por ellos y constituyó mi primera lección en el secreto de Carnegie. No evoluciona... literalmente irrumpe explosivamente y existe. Así que a continuación describo CÓMO descubrí el secreto ¡a través de los ojos y las mentes de mis alumnos!

El secreto Revelado

Si algo he llegado a aprender sobre el arte de enseñar es que uno mismo tiene que decidir sobre la importancia del material que se enseña a los estudiantes ACTUALMENTE y perfeccionarlo en consecuencia. Mis alumnos siguen cuestionando lo relevante que puede llegar a ser lo que se les enseña, cuestionándose "¿de qué manera me va a beneficiar directamente"? Muy pocos de ellos logran llegar hasta el tercer nivel y de ahí que la importancia de obtener calificaciones muy altas en los exámenes finales no es una prioridad para ellos. Lo que sí es una prioridad para ellos es su capacidad de sobrevivir de forma independiente fuera de la escuela y en un entorno cada vez más competitivo, por lo que tienen una determinación absoluta y tenacidad para adquirir los conocimientos y lograr sus propósitos (el deseo).

Yo soy docente en un mundo donde los estudiantes en todo momento tienen acceso a toda información que requieran y en la palma de sus manos a través del Internet móvil con que cuentan sus teléfonos celulares. Y es en reconocimiento de esta realidad, que me di cuenta de la sutil diferencia de cambio de vida ¡entre la información y el conocimiento aplicado! Mis estudiantes utilizan el conocimiento aplicado para operar bajo un principio de placer del que sólo me di cuenta con el paso del tiempo. Buscan activamente experiencias agradables, placenteras y evitan cualquier cosa que pueda atraer el dolor en sus vidas. ¡Es evidente que la educación formal, no ocupa un lugar muy alto en su gráfico de placer! Tienen además una habilidad innata para absorber toda la información que necesitan para desarrollar sus habilidades sociales y rodearse de estudiantes con ideas afines (El Principio de la Mente Maestra). También han establecido una red de amigos muy leales que constantemente les actualizan y comparten toda la información que necesitan para progresar en sus esfuerzos (Conocimiento Especializado). ¡Por todo ello y en este contexto fue que les expliqué a mis alumnos acerca de un libro muy interesante, que me había encontrado y de lo intrigante que resultaba saber que poseía un secreto para obtener riqueza abundante!

Desde un principio, vi su interés desbordante por pedirme prestado el libro y entonces fui testigo del DESEO apremiante desarrollado en ellos por conseguirlo y, lo más importante, APLICAR con absoluta FE los conocimientos especializados incluídos dentro de **Piense y Hágase Rico**.

¡Ese es el secreto de **Piense y Hágase Rico**! A mis alumnos no los limita ningún tipo de restricción en sus mentes que no sean aquellas que ellos opten por establecer para sí mismos. Y debido a que son jóvenes y escépticos, en una sociedad que trata de someterlos a sus moldes de vida... han opuesto resistencia a ese aire conformista de un mundo cínico ¡al que la mayoría de los adultos hace tiempo que sucumbimos! Las mentes de mis alumnos son como las páginas de un libro en blanco. Un libro en el que ellos y sólo ellos serán autores de sus propias historias de vida.

Mis alumnos ni una sola vez dudaron en la veracidad del libro. Ni los orillé a que pensaran en eso. Más bien, deje a su libertad la elección del camino por el que viajarían y les ofrecí un mapa como ruta alternativa hacia sus destinos de viaje. Por naturaleza, las personas son mucho más abiertas y receptivas a la adquisición de nuevas habilidades y aprender algo nuevo cuando son ellos mismos los que eligen lo que van a aprender. En el caso de **Piense y Hágase Rico**, mis alumnos devoraron el libro y no tuvieron ninguna dificultad para descubrir el secreto. Incluso, admitieron haber encontrado algunas instrucciones repetitivas y aburridas. Sin embargo, ¡esto debe entenderse por la propia hiperactividad que los caracteriza y su bajo umbral para todas las cosas repetitivas! Apenas acabaron de descubrirlo cuando les pregunte sobre su hallazgo, pidiéndoles que me explicaran el secreto con un lenguaje claro y conciso, y esto es lo que dijeron:

¡El secreto para la riqueza abundante, es tener una mente abierta y un Deseo ardiente! Una mente que esté completamente libre de TODO prejuicio, atadura o pensamiento prohibitivo. Entendiéndose claramente el daño que un solo pensamiento negativo puede causar en CUALQUIER plan que se tenga en la propia imaginación (El taller de la mente). Los que recibieron el "secreto" lo explican simplemente como tener la actitud de ser abierto a la posibilidad de que TODO es posible si se tiene el deseo y un plan definido para conseguirlo. Haciendo hincapié en que la parte más importante es COMENZAR....ponerse en ACCIÓN..... emprender el camino de inmediato y nunca rendirse hasta llegar a la meta deseada. Si uno se rinde en el trayecto, sólo será porque no se deseó ardientemente lo que se quería lograr.... y solo fue un buen deseo. Un deseo así de simple es carente de fe, deseo ardiente y compromiso para convertirse en una realidad. ¡Por eso es que el mundo está tan lleno de sueños y buenos deseos y tan corto en realidades!

Así que si quiere descubrir el secreto de **Piense y Hágase Rico**, esta es la manera. Comience de nuevo el libro desde el principio. Léalo, como si lo hiciera a través de los ojos de un adolescente impresionable. Acepte desde el principio que TODO lo que está leyendo es un hecho contundente, a sabiendas de que un hecho indiscutible es la afirmación de una verdad. Un hecho que puede y ha sido respaldado por innumerables historias de éxito. Crea que todo lo que desee es alcanzable, pero sólo siguiendo lo que dice el libro al pie de la letra. Acepte dos verdades absolutamente ineludibles. Que son, NO tendrá éxito sin antes tener un Plan Definido a seguir y una sed absolutamente insaciable junto con un Deseo ardiente por alcanzar su meta. Si usted hace esto, ¡simplemente no puede fallar! Muchísimas personas, incluidos mis propios estudiantes han demostrado que esto es cierto. Y sepa también, que si usted no está listo aún para el secreto... ¡entonces el Maestro NO aparecerá! Mis alumnos estaban listos y continuaran con disposición para captar cualquier oportunidad que pueda presentarse en el curso de sus vidas. En cada adversidad ellos identifican una oportunidad. Se mueven en un mundo crepuscular en el que cada encuentro lo ven a través de un prisma "de buena o mala suerte, ¡no existe!" Creen firmemente que todas las cosas suceden por una razón y si usted no puede ver esa razón, es simplemente porque usted ¡no está buscando con suficiente fuerza esa lección que la vida está tratando de enseñarle!

¡El Maestro por fin apareció! Y él acaba de instruírle de cómo encontrar y utilizar el secreto de **Piense y Hágase Rico** de Napoleón Hill. Pero si usted aún no logra descubrirlo... entonces no se desanime. Acepte que usted, el estudiante, ¡todavía no está listo! Consuélese sabiendo que la mitad del truco para descubrir el secreto radica en permanecer activo en el camino y no dejar de buscar con la ayuda del mapa ¡en sus manos!

Le prometo que si usted desesperadamente desea encontrar el

secreto de la riqueza abundante, entonces con toda seguridad lo hallará. La respuesta está en el mapa de ruta. Comience hoy por el camino menos transitado y esté conciente que no es un peregrino solitario. Y si por casualidad se encuentra con alguno de mis alumnos, no se les despegue pues ¡con toda seguridad ellos ya saben cómo llegar!

Acerca de Philip McCauley

Philip McCauley es un joven maestro que durante los últimos trece años ha enseñado en una escuela secundaria para gente de escasos recursos. La escuela se localiza en el norte de Dublín, la capital de la República de Irlanda.

El Tesoro Escondido en Piense y Hágase Rico

por
Rich Winograd
Fort Lauderdale, Florida

¿Cuál es el secreto que se encuentra en **Piense y Hágase Rico** y cómo podemos nosotros, los lectores, descubrirlo? Respondería a esta pregunta bajo dos argumentos; uno, que no hay ningún secreto, y dos, que la primera palabra del libro es el único mecanismo que cualquiera de nosotros necesitará para descubrir todo nuestro potencial para el crecimiento personal y el logro.

No hay secreto alguno. Sólo tenemos que pensar. Y son nuestros pensamientos los que se convierten en las cosas que deseamos.

La idea de que los mensajes, los principios y la sabiduría ofrecida en **Piense y Hágase Rico** son un secreto resulta muy interesante. Se volvió más interesante cuando un libro bajo ese mismo nombre se publicó más de cincuenta años después de que **Piense y Hágase Rico** fuera publicado, un libro que, básicamente, repetía los mismos mensajes, los principios y la sabiduría que el Dr. Hill ya había escrito antes. Y divulgado bajo el mensaje publicitario de que un secreto fenomenal se revelaba en ese libro.

No hay ningún secreto. Sólo tenemos que pensar. Y son nuestros pensamientos los que se convierten en las cosas que deseamos.

Ahora vale la pena señalar que el concepto del *secreto* sí aparece en **Piense y Hágase Rico**. ¿Por qué razón se hizo así?, no puedo decirlo con seguridad. El Dr. Hill ciertamente tenía sus métodos y sus razones. Sin embargo, en la medida que las fórmulas para el crecimiento personal y el logro se van transmitiendo al lector, es evidente que el uso de la palabra *secreto* se vuelve innecesario e inapropiado.

Palabras del Dr. Hill, tomadas del "Prologo del Autor"
En todos los capítulos de este libro menciono el secreto que ha hecho la fortuna de cientos de hombres

extraordinariamente ricos..., hombres a quienes he analizado cuidadosamente durante un largo período de años.

El secreto llegó a mi conocimiento a través de Andrew Carnegie hace más de medio siglo.

El presente libro contiene el secreto, un secreto puesto en práctica por miles de personas, en casi todos los caminos de la vida.

El secreto pasó a manos de miles de hombres y mujeres que lo emplearon para su beneficio personal y como el señor Carnegie había proyectado que se realizara.

El secreto al que me refiero se menciona no menos de cien veces en este libro.

Si usted está dispuesto a emplearlo, lo reconocerá por lo menos una vez en cada capítulo.

El secreto a que me refiero no puede adquirirse sin un precio aun cuando éste sea muy inferior a su valor.

El secreto sirve perfectamente a todos los que están dispuestos a recibirlo.

Napoleón Hill nunca mencionó que sus hallazgos fueran propios. Ni una sola vez pretendió ofrecer grandes revelaciones. Ni una sola vez afirmó tener un secreto para dar al mundo. Por el contrario, le dio crédito en repetidas ocasiones a Andrew Carnegie y al éxito de muchos otros hombres exitosos de su época y afirmó claramente que su trabajo fue de investigación y su papel fue simplemente como mensajero.

Estos fueron métodos probados, y, no *secretos*. Hay entonces una palabra mejor para describir lo que podemos descubrir en el trabajo del Dr. Hill y lo que nos lleva al mecanismo para hacer uso del mismo.

Yo prefiero llamarlo un tesoro escondido.

¿Alguna vez ha notado usted que la palabra *tesoro* suele ir precedido por la palabra *oculto*? La adición del adjetivo ofrece mejoras considerables. En primer lugar, evoca una sensación de misterio e intriga al respecto. En segundo lugar, da la idea de una travesía, contingencias, y toda una aventura para obtenerlo.

Los tesoros no aterrizan en nuestras puertas. No caen del cielo. No están esperándolo en la esquina de su calle. Los tesoros están ocultos y tiene que ir a buscarlos. Usted tiene que descubrirlos.

Piense y Hágase Rico de Napoleón Hill es a todas luces un tesoro en el campo del crecimiento personal y el logro. Los mensajes profundos, los principios y la sabiduría que el Dr. Hill ha depositado dentro del tesoro, en efecto, están ocultos. Esto es por el diseño magistral del autor y de las cuatro razones expuestas anteriormente. Nos corresponde a nosotros, los lectores, buscarlo y encontrarlo, y al hacerlo, dar inicio al proceso de *pensar y volvernos ricos.*

Dice el Dr. Hill de estos tesoros, "No se mencionan directamente, ya que parece funcionar con más éxito cuando se trata simplemente de descubrirlos y dejarlos a la vista, donde aquellos que estén listos, y estén a la búsqueda de ellos, puedan recogerlos".

Nada que valga la pena resulta fácil. No hay almuerzos gratis. Nada se da en bandeja de plata. El crecimiento y el éxito requieren de tiempo y esfuerzo. Vivimos en una época en la que esperamos la facilidad y simplicidad. La gran mayoría, especialmente los jóvenes de hoy, no tienen la disciplina para entender el valor del esfuerzo y el tiempo. Lo queremos todo, lo queremos ahora y lo queremos con facilidad. Y cuando no lo obtenemos todo, al momento y fácilmente, dejamos que los factores negativos como el miedo, la frustración, la depresión, la negligencia y el fracaso definan nuestro carácter y consuman nuestras vidas.

La respuesta se encuentra en el tesoro oculto en las páginas de **Piense y Hágase Rico.**

La respuesta brota desde la primera página. *Los Pensamientos son Cosas.* Desde el primer ejemplo de Edwin C. Barnes, nos enteramos de que "los pensamientos son cosas, y cosas poderosas que, cuando se mezclan con un propósito definido, perseverancia, y un deseo ardiente se convierten en riquezas, u otros objetos materiales."

Eso es todo. Ese es el mensaje, o el *secreto*, por si acaso insistiera en llamarlo así. Si usted nunca ha leído otra página de **Piense y Hágase Rico** o algún otro libro escrito por Napoleón Hill o cualquier otra de las innumerables obras, excelentes que se han escrito sobre el crecimiento personal y el logro, no se preocupe porque bastará con entender este mensaje para ser una persona de éxito. *Los pensamientos se convierten en cosas, que deben estar respaldados por un propósito definido mayor y alimentados por la perseverancia y un ardiente deseo de logro.*

Esto es de lo que carece la mayoría de la gente. Porque simplemente no lo creen. Y esa gran mayoría carece de algún propósito definido y de metas en la vida. Esta mayoría va por la vida como barcos perdidos en el mar y todos sabemos que un barco sin rumbo fijo termina naufragando.

Peor aún, hay muchas personas con rumbo definido, pero con pensamientos negativos. Y de acuerdo a las leyes de la naturaleza, los pensamientos negativos atraerán resultados negativos. Pensamientos de miedo producirán más miedo. Y pensamientos de fracaso, traerán inevitablemente más fracaso.

Y para aquellos que tienen un propósito definido o metas especificas, pero carecen de perseverancia y un ardiente deseo de logro, enfrentaran los mismos problemas que saldrán a la superficie irremediablemente. Y es aquí en donde aparecen los derrotistas, aquellos que renuncian a continuar, y que se convierten en fracasados y se vuelven influencias negativas.

La respuesta es muy simple (y no es un *secreto*). **Piense y Hágase Rico.** Y de esta forma, ahora vemos que no es simplemente el título de un libro, sino más bien la fórmula más profunda para alcanzar el éxito.

Ciertamente podemos encontrar en forma repetitiva la fórmula más allá de la página 1. En la página 3, el Dr. Hill comparte la historia titulada "a un metro del oro", que sirve para mostrar "una de las causas más comunes de fracaso, el hábito de rendirse cuando uno es sorprendido por *la derrota temporal*." A partir de esta historia, y un sinnúmero de otras similares, el Dr. Hill va desarrollando lo que sería uno de sus principios más profundos - Aprender de la adversidad y la derrota." Cada adversidad lleva consigo la semilla de un beneficio equivalente o superior." ¿Acaso esto se relaciona con algo más que ya hayamos descubierto? ¿Cómo poder sobreponernos a una derrota temporal?

Los pensamientos se convierten en cosas y deben estar respaldados por un propósito definido mayor e impulsados por la perseverancia y un ardiente deseo de logro. Página 1 – ¡Aquí está la clave de cómo hacerlo¡

Todo lo que se despliega en **Piense y Hágase Rico** se remonta a la idea fundamental y a la fórmula para el crecimiento personal y el logro. El Dr. Hill también lo resume de esta manera: "Cualquiera cosa que la mente del hombre puede concebir y creer lo puede lograr."

En 1952, catorce años después de haber escrito **Piense y Hágase Rico**, Napoleón Hill se reunió con W. Clement Stone en una convención dental a la que Hill había sido invitado hablar. De esa reunión, Hill y Stone formaron una "Alianza de Mente Maestra", que a su vez condujo al desarrollo de, entre otras cosas, un curso titulado "AMP (Actitud Mental Positiva) - La Ciencia del Éxito." En este curso, se enlistan los 17 Principios Centrales del Éxito.

Estos 17 principios, son a su vez, otro gran tesoro escondido. El propósito de mencionarlos aquí, y enlistarlos a continuación, es mostrar cómo estos principios se derivan del mensaje muy sencillo pero profundo, descrito en la página 1 de **Piense y Hágase Rico**. Lea cada principio con cuidado y vea la conexión que existe con "Los Pensamientos son Cosas, y cosas poderosas que, cuando se mezclan con un propósito definido, la perseverancia, y un deseo ardiente se convierten en riquezas, u otros objetos materiales."

Definición de Propósito – La Definición de Propósito es el punto de partida de todo logro y comienza con la adopción de un propósito específico mayor y un plan específico para su consecución. Sin un propósito y un plan, la gente transita sin rumbo fijo durante toda su vida.

Alianza de Mente Maestra - Este principio consiste en una alianza de dos o más mentes trabajando juntos en perfecta armonía para la consecución de un objetivo definido. El éxito no llega sin la cooperación de los demás.

La Fe Aplicada - La fe es un estado activo de la mente. Esta confianza en sí mismo se aplica para alcanzar un objetivo definido mayor en la vida. La fe es una idea abstracta, un concepto puramente mental. Trabaje en ella. La acción es el primer requisito de toda fe.

Recorrer la Milla Extra - Esta es la acción de prestar servicios, más y de mejor manera, por lo que actualmente se le paga. La persona con iniciativa hace lo que debe hacer sin necesidad de se lo digan, y realizar un esfuerzo mayor al que se espera o requiere de él o ella.

Personalidad Agradable - La personalidad es la suma total de los rasgos espirituales y físicos y de los hábitos que distinguen a una persona de las demás. Es el factor que determina si uno es agradable o no a los ojos de los demás. Su personalidad es su mayor activo o pasivo.

La Iniciativa Personal - Este es el poder que inspira la conclusión de lo que uno empieza. Es el poder que inicia toda acción. Ninguna persona es libre hasta que aprende a dominar sus propios pensamientos y tiene el valor para actuar por su cuenta.

Actitud Mental Positiva – La Actitud Mental Positiva es la actitud mental adecuada para todo tipo de circunstancias. Mantenga su mente en aquello que desee y erradique las cosas que no quiera. El éxito atrae más éxito mientras que el fracaso atrae a más fracaso.

El entusiasmo - El entusiasmo es la fe en acción. Es la emoción intensa conocida como deseo ardiente. La llama de entusiasmo ardiente dentro de usted convierte el pensamiento en acción.

Autodisciplina – La Autodisciplina significa tomar posesión de su propia mente. Se inicia con el dominio del pensamiento. Es el cuello de botella a través del cual debe fluír todo su poder personal para lograr el éxito. Dirija sus pensamientos, controle sus emociones, y ordene su destino.

Pensamiento Calculador –Quien piensa calculadoramente siempre somete sus deseos emocionales y decisiones a su mente para un análisis y toma correcta de decisiones. Para este tipo de gentes la cabeza es más fiable que el corazón. El pensador calculador separa los hechos de la ficción y los clasifica en dos categorías: importantes e intrascendentes.

Atención Controlada - La atención controlada conduce al dominio en cualquier tipo de actividad humana, ya que permite enfocar los poderes de su mente en la consecución de un propósito definido y de este modo poderlo direccionar a su antojo. Grandes logros provienen de mentes que están en paz consigo mismos.

Trabajo en Equipo – El trabajo en equipo es la cooperación armoniosa voluntaria, gratuita y con disposición. Cada vez que el espíritu de trabajo en equipo sea un factor dominante, el éxito será inevitable. La Cooperación Armoniosa es un activo de valor incalculable que usted puede adquirir en proporción a lo que aporte.

Aprender de la Adversidad y la Derrota - Toda adversidad lleva consigo la semilla de un beneficio equivalente o superior. El éxito individual suele ser proporcional al alcance de la derrota que el individuo ha experimentado y aprendido. La mayoría de lo que llamaríamos *fracasos* solo son derrotas temporales que pueden llegar a ser bendiciones disfrazadas.

Visión Creativa – La visión creativa se desarrolla cuando se usa libremente y sin temores la imaginación. La visión creativa alcanza sus propósitos básicamente a través de nuevas ideas y métodos.

Mantenimiento de una Buena Salud - La mente y el cuerpo están tan estrechamente ligados que cualquier cosa que uno de ellos haga afecta inevitablemente al otro. Uno no disfruta de buena salud, sin una buena conciencia de salud. Para mantenerse saludable, hay que pensar en términos de buena salud, no en términos de enfermedad.

Presupuestar Tiempo y Dinero - La gente exitosa se preocupa por la forma en que utiliza su tiempo, las horas y la forma en que lo desperdicia, y lo que debe hacer para detener el despilfarro. Dígame cómo usa su tiempo libre y la forma en que gasta su dinero y le diré en dónde está y qué será de usted dentro de diez años.

La fuerza del Hábito Cósmico – Este concepto se refiere al universo como un todo y las leyes que lo rigen. Se trata de un sentido de orden. Usted está donde está y es lo que es debido a sus hábitos establecidos y sus pensamientos y acciones.

¡Y allí es donde está el tesoro escondido¡

Acerca de Rich Winograd

Rich Winograd es un ejecutivo de ventas de una gran corporación de Estados Unidos. También es un escritor independiente y autor del libro "Paloma", publicado en 2008 por la Fundación Napoleón Hill. Tomó el curso de la Ciencia del Éxito en 2009 en el Centro Mundial de Enseñanza Napoleón Hill y suele aplicar los 17 principios del éxito en todos los aspectos de su vida.
Puede escribirle en richwinograd@yahoo.com.

El Famoso Secreto de Napoleón Hill para el Éxito en todos los Aspectos de la Vida

por
Ray Stendall
Sunnyvale, California

El Dr. Napoleón Hill dedicó su obra a la comprensión de lo que se requiere para ser realmente exitoso en todos los aspectos de la vida. Él compartió su secreto en muchos de sus libros y conferencias. Sin embargo, como cualquier maestro, ambicionaba mucho que sus alumnos descubrieran el secreto por sí mismos, ya que sabía que al lograrlo de este modo significaría mucho más para ellos.

Después de más de 20 años de estudiar a Napoleón Hill y su filosofía de superación personal, creo que he descubierto el secreto para una vida exitosa. Antes de divulgarlo, permítanme recordarles algunas de las pistas que abiertamente nos reveló Napoleón Hill:

En el prefacio del autor, de **Piense y Hágase Rico**, él establece claramente lo siguiente "*Usted debe tener la respuesta antes de terminar este libro. Lo mismo podrá encontrarla en el primer capítulo que en la última página*" Examinemos estas dos pistas: El capítulo uno lo titula *Deseo - el punto inicial de todo logro*. En este capítulo, el Dr. Hill, explica la importancia de cultivar y tener un ardiente deseo definido. Ahora vayamos a la última página del libro. De hecho, la última página es en realidad el epílogo, y dice lo siguiente:

"*La llave maestra es intangible, pero muy poderosa. Constituye el privilegio de crear en su propia mente un ardiente deseo de alcanzar una forma definida de riqueza. No hay castigo por el uso de esa llave, pero hay un precio que se ha de pagar por no usarla. El precio es el fracaso. Hay una recompensa de maravillosas proporciones si usted usa la llave. Es la satisfacción que experimentan todos los que conquistan su propio yo y obligan a la vida a que pague lo que se le pide.*"

Tener un profundo deseo ardiente de avanzar es el *secreto* – piense en ello como si fuera el motor que lo impulsará hacia el éxito. El secreto, sin embargo, se puede usar para bien o para mal. Puesto que el propósito del libro de Napoleón Hill es comunicarnos cómo podemos vivir una vida feliz y productiva, tenemos entonces que combinar este secreto con el concepto de "Actitud Mental Positiva." Una Actitud Mental Positiva es el vehículo y compañero permanente que le ayudará a atraer a la gente, las cosas y las circunstancias necesarias para su progreso personal a lo largo de su vida. Es interesante notar que el concepto de actitud mental positiva es fundamental para su trabajo en la serie la *Ley del Éxito*. Esa serie fue escrita mucho antes de **Piense y Hágase Rico**. Y este concepto también fue el título del programa de certificación para todos los futuros estudiantes / maestros de la filosofía de Napoleón Hill.

El resto de este capítulo mostrará evidencias adicionales que respaldan el *secreto* del DESEO ARDIENTE DEFINIDO CON UNA ACTITUD MENTAL POSITIVA.

Definición de Propósito y Deseo Ardiente

Como se mencionó anteriormente, el Dr. Hill abiertamente nos revela el *secreto* en el capítulo uno - *cultivar y mantener un deseo ardiente*.

Este deseo ardiente debe ser asentado por escrito en una "Definición de Propósito", declaración que detalla el alcance de lo que uno quiere y la razón por la que quiere obtenerlo, el plazo en el que lo obtendrá y el precio que está dispuesto a pagar para conseguirlo.

La razón por la que creamos esta declaración es para formar una alineación entre nuestros deseos y nuestros valores, entre nuestra mente consciente y subconsciente, y en última instancia, es un documento crucial que nos proporciona la atención, motivación e inspiración.

El primer paso en la construcción de esta declaración es tener claridad de lo que uno quiere en términos reales. Sabemos por lo que nos transmite el Dr. Hill, que lo único que nos limita es nuestra capacidad de concebir y creer en nuestras ideas, y solo con la acción estas ideas se pueden lograr, pero siempre y cuando las ideas estén alineadas con la ley natural.

Para pensar en grande y fuera de nuestra zona de comfort, tenemos que mantener una actitud mental positiva. De lo contrario, a cada idea que le alimentemos a nuestra mente le encontraremos una objeción en vez de una oportunidad. La mente da respuesta a cualquier pregunta que se le hace. Tener una actitud mental positiva asegura que las preguntas que le hagamos sean las correctas como signo de un progreso real en lo que emprendamos. El Dr. Hill nos dice en el capítulo 1, que cuando los desafíos surgen *"cada adversidad trae consigo la semilla de una oportunidad equivalente."*

Toda vez que la declaración ha sido creada por escrito, no tendrá mayor efecto a menos que se asimile con suficiente emoción mediante una actitud adecuada. Este proceso de asimilar el deseo aumenta la convicción ante nuevas oportunidades, personas y circunstancias.

FE

El Dr. Hill en el capítulo dos explica:
"La fe es el jefe químico de la mente. Cuando la fe se mezcla con el pensamiento, la mente subconsciente instantá- neamente recoge la vibración, la traduce a su equivalente espiritual y la transmite a la inteligencia infinita, como en el caso de la oración"

Y continúa diciendo:
"la fe es un estado mental que se puede crear o inducir mediante la afirmación o instrucciones repetidas a la mente subconsciente a través del principio de la autosugestión".

Con base en lo anterior podemos ver el nivel de importancia asociada con la fe. La fe nos da la posibilidad de ver lo invisible a través del ojo de nuestra mente, y también lo que otros consideran imposible. Nos ayuda a mantenernos en nuestros objetivos y aplicar nuestro talento y habilidades para convertir los sueños en realidades físicas. Con este fin, el Dr. Hill sugiere que cuando acudamos a nuestra mente subconsciente, tenemos que hacerlo como si estuviéramos "ya en posesión de la cosa material que estamos deseando obtener". Para facilitar lo anterior de una manera productiva, es esencial mostrar una actitud mental positiva constantemente enfocada en lo que queremos. El Dr. Hill posteriormente, habla de la importancia de la seguridad en sí mismo como el medio para alimentar nuestra fe y mantener el deseo ardiente de vivir.

La autoconfianza es la profunda convicción de que usted tiene las habilidades necesarias, la experiencia y el talento para lograr sus metas. Es igualmente el ingrediente esencial que permite a alguien transformar sus ideas en acciones. Sin la suficiente autoconfianza no se logra emprender ninguna acción. Y cuando es excesiva, problemas imprevistos pueden ocurrir. Por lo tanto, ninguno de los casos es ideal. Pero un beneficio de exceso de confianza es lo que conduce a la acción.

La acción les permite a las personas ganar experiencia y desenvolverse fuera de su zona de comodidad. Una persona demasiado confiada corre el riesgo de tropezarse – pero es a partir de estos tropiezos cuando ocurre el verdadero aprendizaje. Por supuesto, toda acción debe hacerse con mucho cuidado y con el pleno respeto de la realidad y la ley natural. Analicemos de que manera y la causa por la que un deseo ardiente y una actitud mental positiva son fundamentales para generar autoconfianza.

La autoconfianza se manifiesta cuando tenemos una expectativa positiva o creencia en el futuro y sus consecuencias resultantes.

El primer paso para apartarse de la situación actual es tomar una decisión firme para el cambio. Este paso requiere valor, y por lo general es en respuesta al hecho de estar enfrentando contingencias y situaciones dolorosas que requieren de decisiones inmediatas. El cambio que queremos en nuestra vida está ligado a una expectativa positiva o la creencia de que los resultados futuros serán más favorables. Por lo tanto, tener autoconfianza, es un requisito previo para mantener una actitud mental positiva y la expectativa de que el futuro será mejor que el presente.

El segundo paso es la obtención de conocimientos especializados de gran relevancia y tener paciencia suficiente para analizar e integrar la información en un formato favorable a la acción.

El tercer paso es localizar a otras personas que hayan logrado con éxito lo que usted quiere lograr. Usted necesita modelos a seguir. Para atraer a estos entrenadores y mentores, es esencial desarrollar una personalidad agradable en base a mostrar una mentalidad positiva. Al mismo tiempo es necesario mantener un inquebrantable deseo apasionado por lo que desea.

El cuarto paso consiste en aplicar sus conocimientos de una manera significativa en el mundo real. Y nuevamente, sin una actitud mental positiva será imposible entrar en contacto con todas aquellas personas valiosas que pudieran serle de ayuda para el logro de sus deseos.

El quinto paso es formar un grupo de apoyo que puede ser utilizado como un equipo de mente maestra (se verá más adelante) que aporte ideas, contactos y estrategias, que ayuden a convertir sus deseos en realidad. Una vez más, una actitud mental positiva es absolutamente necesaria para la armonía con el equipo de mente maestra, o de lo contrario, esto no funcionará.

El último paso consiste en entrenar a su mente ante eventuales resultados positivos o negativos. Si el resultado es negativo, tómelo como una experiencia de aprendizaje. Y si es positivo, utilícelo como motivación para reforzar la creencia de lo que es tener éxito y avanzar. Esto a su vez aumenta la autoconfianza. Esta toma de conciencia de la mente sólo es posible cuando la persona mantiene una actitud mental positiva constante y enfocada en lo que quiere.

Dentro del contexto de la discusión acerca de la autoconfianza el Dr. Hill afirma que: "*todos los impulsos del pensamiento tienen tendencia a vestirse de su equivalente físico.*" Cada paso en la construcción de la autoconfianza requiere de una actitud mental positiva comenzando con los impulsos del pensamiento y terminando con el aprendizaje y avanzando a través de la acción.

Autosugestión

El proceso de autosugestión es el acto volitivo de dejar impreso en la mente subconsciente el deseo definido, de tal modo que pueda servir como un imán para atraer a las personas, cosas y circunstancias propicias para alcanzar nuestras metas. La Autosugestión condiciona a la mente para que esté muy alerta. Es importante tener en cuenta que la mente subconsciente es deductiva en la naturaleza y consecuentemente aceptará como algo real cualquier cosa emocionalmente impresa en él durante un período de tiempo.

Al respecto, el Dr. Hill claramente afirma que:

> "*[El estudiante] leerá en voz alta dos veces al día la declaración escrita de su deseo de dinero y se "verá" ¡en posesión de tal dinero ¡ Siguiendo tales instrucciones, usted comunica el objeto de su deseo directamente a su subconsciente con un espíritu de fe absoluta*

Con el fin de hacer esto de una **manera productiva**, es fundamental tener una actitud mental positiva, con grandes expectativas para el futuro mientras experimenta la autosugestión

Conocimiento Especializado

En el agitado ritmo de vida de un mundo en constante cambio, se ha vuelto cada vez más importante la adquisición de conocimientos especializados. Al respecto, el Dr. Hill afirma que:

"La acumulación de grandes fortunas necesita de poder y fuerza, y ese poder se adquiere mediante conocimientos especializados y altamente organizados, pero esos conocimientos no han de estar necesariamente en posesión del hombre que acumula la fortuna".

Analicemos el proceso de adquisición de conocimientos especializados. La asimilación de los conocimientos especializados proviene de tener experiencias significativas de aprendizaje. Estas experiencias pueden ocurrir por separado o grupalmente. En cualquier caso, para aprender hay que tener un deseo que nos motive a tomar acciones y luego estar enfocados y ser capaces de evitar las distracciones. Si estamos en una vibración negativa no podremos estar concentrados al 100% y por lo tanto, la adquisición de conocimientos especializados se vuelve ineficaz.

El Dr. Hill menciona que el "conocimiento especializado" no necesariamente forma parte de la persona que acumula fortuna. Necesitamos tener una personalidad agradable y alentadora Para ganarnos la confianza y buena voluntad de los demás y obtener su apoyo, a fin de que compartan con nosotros sus conocimientos, como colegas o empleados.

El ingrediente principal de una personalidad agradable es una actitud mental positiva. Para ser convincente con los demás, es importante que comuniquemos nuestro deseo a través de nuestro entusiasmo y la prestación de ofrecer servicio. Al hacerlo, fortalecemos la posibilidad de obtener el apoyo voluntario y conocimientos especializados de los demás, y el resultado final bien lo justificará.

Imaginación

La imaginación es uno de nuestros activos intelectuales que nos distingue de los demás seres vivos. Basándonos en nuestro ardiente deseo de lo que realmente queremos, tenemos la capacidad de construir ideas en nuestra mente que adquieren la forma de imágenes. Y posteriormente, mezclamos estos cuadros conjuntamente hasta representar conceptos de ideas y formas.

El uso de nuestra imaginación es fundamental para mejorar nuestra vida y ayudar al mundo en general. Es sólo a través del poder de la imaginación que las nuevas ideas nacen, y con ellas la posibilidad de ser, crear y tener más abundancia en nuestras vidas.

Nos volvemos más imaginativos cuando tenemos un objetivo muy claro de dónde queremos llegar y estamos en un relajado estado mental positivo.

Ahora analicemos lo que sucede a nuestro nivel de imaginación cuando nos encontramos en una vibración *negativa*.

Cuando decimos que tenemos "mala vibra", significa que estamos recibiendo un patrón de pensamiento negativo que no nos sirve. Existen determinados momentos en que nuestra mente sólo puede concentrarse en un solo pensamiento. Por lo tanto, si nos estacionamos en un pensamiento negativo que nos haga sentir mal, no podremos involucrarnos completamente en el uso de nuestra imaginación para avanzar. Por esa razón, una mentalidad negativa limita y en ocasiones, mata por completo el uso productivo de nuestra imaginación.

Para almacenar una idea hasta que se manifieste explosivamente en toda una realidad en el medio físico, se necesita tener una mentalidad tremendamente positiva y respaldada por *"la determinación, un propósito definido, el deseo de alcanzar la meta y un esfuerzo persistente [sobre un prolongado período de tiempo]."* Nuestra mentalidad protege a nuestros sueños e ideas contra las amenazas de *"decepciones, desilusiones, derrotas temporales, críticas y los constantes recordatorios [de los demás] de que estamos perdiendo el tiempo."*

El modo natural de funcionamiento de la mente es de paz y tranquilidad. Cuando estamos en un estado de ánimo positivo, reforzamos este estado natural, y entonces la mente puede relajarse y ser productiva.

Planificación Organizada

Tener un plan organizado que se pueda seguir para transmutar el deseo en un resultado físico es fundamental para el éxito y es algo que a menudo se pasa por alto. El Dr. Hill apoya esta afirmación, al decir que: "el logro no puede ser mayor que un sólido plan". ¿Qué se necesita para crear sólidos planes? Se requiere que la mente esté abierta y receptiva a nuevas ideas que puedan ser integradas al plan en una secuencia lógica. Para obtener este nivel de claridad, la mente debe estar relajada y alerta, y lo logra si está enfocada en su deseo. Para estar enfocada, la mente debe rechazar las vibraciones negativas que son distractores a erradicar de la tarea en cuestión.

El Dr. Hill explica posteriormente que en la producción de bienes y servicios se debe tener en cuenta "la calidad y cantidad de los servicios prestados, y el espíritu con que se haga esta labor." El Dr.

Hill menciona que el espíritu de servicio debe ser *"interpretado como el hábito de una conducta agradable y armoniosa que inducirá a la cooperación de los asociados y compañeros de trabajo."* De hecho, subraya: *"Andrew Carnegie hacía más hincapié sobre este punto que sobre los demás relacionados con su descripción de los factores que conducen al éxito en la comercialización de los servicios personales."*

Decisión

El Dr. Hill menciona que: *"Un análisis de varios cientos de personas que han acumulado fortunas que han sobrepasado por mucho el millón de dólares, reveló el hecho de que cada una de ellas tenía la costumbre de llegar a decisiones rápidas y cambiar éstas lentamente en caso de que fuese necesario hacerlo así. La gente que fracasa en la acumulación de dinero, sin excepción, tiene el hábito de tomar decisiones muy "lentamente", si es que las toman, y de cambiar estas decisiones a menudo y muy rápidamente."*

La pregunta que debemos hacernos es, ¿cuál es la toma de decisiones y cómo pueden tomarse decisiones de manera más rápida? Las decisiones reales representan un curso de acción que varía dependiendo del status de la persona para llevar a cabo un cambio positivo. ¿Qué actitud debe tener una persona para abrazar la posibilidad de un cambio? El modo de pensar que se debe tener para tal propósito es mediante la fe de que las condiciones futuras serán mejores que las actuales.

Una mentalidad con expectativa positiva es un requisito para tomar una decisión correcta con rapidez, y debe estar alineado con el deseo ardiente de obtener algo. Cuando una decisión tiene que ser rectificada, se debe evaluar en relación al cambio que haya experimentado ese deseo y llevarse a cabo cuidadosamente.

Para tomar decisiones complejas, el proceso consiste en recopilar y organizar información relevante y analizarla metódicamente. Una vez que los datos se han integrado y analizado, anticipamos diversos escenarios a prever. Para lograr estos objetivos de manera productiva, una vez más, necesitamos una actitud mental positiva que garantice que estamos tomando la decisión correcta y no decisiones derivadas de frustraciones o arrebatos.

El Dr. Hill nos recuerda que, "La precisión de la decisión tomada siempre requiere de coraje y a veces de mucha valentía." Esto es muy cierto, especialmente cuando la decisión nos lleva muy lejos de nuestra zona de comodidad. Cuanto más nos alejemos de esta zona libre de compromisos, más fuerte debe ser el deseo y la actitud positiva que debemos tener, para mantener un espíritu de fe de que todo saldrá bien.

Perseverancia

Una vez que una decisión ha sido tomada, la perseverancia es el siguiente ingrediente de la ecuación del éxito. El Dr. Hill de manera muy elocuente menciona: *"Puede que la palabra perseverancia no esté teñida de eso que llamamos heroicidad, pero esta cualidad es al carácter del hombre lo que el carbono es al acero."*

Para ser perseverante y tener la fuerza de voluntad para alcanzar el éxito, debemos primero creer que el éxito es posible. Y para que el éxito sea posible, tenemos que tener un deseo ardiente que nos mueva hacia adelante y ser optimistas de que vamos por el camino correcto.

La Mente Maestra Armoniosa

La noción de una mente maestra puede definirse como *"La coordinación de conocimiento y esfuerzo, en un espíritu de armonía entre dos o más personas, para el logro de un propósito definido."* Una Mente Maestra Armoniosa es aquella en la que cada miembro está interesado legítimamente en ser un recurso que promueva el avance de cada individuo de la mente maestra, y que al hacerlo acepta el concepto de que entre más se proporcione más se recibe. La mente maestra existe para proporcionar apoyo y orientación a cada uno de sus miembros. Tal y como el Dr. Hill lo mencionara líneas arriba, una mente maestra no puede funcionar si carece de un espíritu de armonía entre sus miembros. La Armonía sólo puede estar presente cuando cada miembro de la mente maestra presenta una actitud mental positiva. Si hay un solo individuo que manifieste una vibración negativa dentro del grupo, el efecto global es dañino y puede ser devastador para todo el grupo. Con respecto a la cita anterior, el Dr. Hill usa la palabra "propósito definido". Un propósito así, sólo puede formularse cuando hay también un deseo definido.

El Misterio de la Transmutación del Sexo

La experiencia emocional íntima y poderosa del sexo sólo puede ocurrir entre dos personas que tienen una conexión profunda y un respeto mutuo. Transmutar la energía sexual implica ser capaz de convocar el mismo entusiasmo, determinación y energía utilizados en el acto físico para dar a luz a nuevas ideas a través de nuestra imaginación creativa. Para acceder a la imaginación creativa tenemos que aumentar la velocidad a la que nuestra mente vibra por efecto de los diversos estimulantes de la mente, siendo la energía sexual la más poderosa, según lo afirma el Dr. Hill. Al respecto, él menciona claramente que: "*La emoción del sexo contiene el secreto de la capacidad creativa*". Para dar rienda suelta a esta capacidad creativa, tenemos que mantener una actitud mental positiva en cuanto: a) estar con alguien que realmente pueda inspirarnos y b) ser capaz de canalizar de manera eficaz esta energía en un esfuerzo que valga la pena y sea productivo. Sin esta actitud positiva, se vuelve imposible la transmutación productiva de la energía sexual.

La Mente Subconsciente

La mente subconsciente o mente subjetiva, sirve como una gigantesca base de datos que registra todo lo que la mente consciente o mente objetiva pasa de largo sin prestarle atención. La mente objetiva recoge una amplia variedad de información a través de los cinco sentidos, y clasifica lo que se puede almacenar, para recuperarlo en un momento posterior.

En gran medida, la visión que usted tiene del mundo está moldeada por la actitud mental positiva o negativa que haya manifestado en el pasado y según como haya etiquetado sus experiencias en "buenas o malas." Esta actitud le da forma a sus percepciones y a lo que es verdadero y real. Es importante tomar en cuenta que solo hay una realidad, pero muchas percepciones en torno a ella. Y estas interpretaciones y percepciones son, en gran medida influenciadas por la actitud que tengamos.

Para formar nuevas creencias y paradigmas sobre nosotros mismos y el mundo en general se requiere de una muy fuerte actitud mental positiva, a fin de luchar contra los años de influencia negativa que hemos permitido infiltrarse en nuestra mente subconsciente, por no mantenerla alerta.

El cambio real requiere de un ardiente deseo y de la fuerte determinación para infundir una nueva creencia o paradigma, y de este modo, reemplazar aquellos que tengamos actualmente.

El Dr. Hill describe, además, las siete emociones positivas que se pueden utilizar para influir en la mente subconsciente:

1. La emoción del DESEO
2. La emoción de la FE
3. La emoción del AMOR
4. La emoción del SEXO
5. La emoción del ENTUSIASMO
6. La emoción del ROMANCE

7. La emoción de la ESPERANZA

Y asimismo menciona las siete grandes emociones negativas:

1. La emoción del MIEDO
2. La emoción de los CELOS
3. La emoción del ODIO
4. La emoción de la VENGANZA
5. La emoción de la CODICIA
6. La emoción de la SUPERSTICIÓN
7. La emoción de la CÓLERA

Sin excepción, se puede ver que las siete emociones positivas se logran alcanzar mediante una actitud mental positiva. Y se puede comprobar también que cada una de las siete emociones negativas sólo puede existir en ausencia de esa actitud mental positiva.

Conclusiones

Napoleón Hill procuró que su secreto fuera descubierto solo por la astucia del estudiante o lector. Él sentía que entre más trabajo le costara al estudiante descubrir este misterio, le sería de más ayuda e importancia descubrirlo de ese modo. Como lo vimos y discutimos en su momento acerca de los principales capítulos del libro **Piense y Hágase Rico,** demostré que ninguno de los conceptos pudo ser posible sin el ingrediente secreto que es el hecho de que:

Una persona debe cultivar y mantener un deseo ardiente de lograr el éxito y canalizarlo de manera productiva a través de una actitud mental positiva, y bajo cualquier condición, ser constante y enfocado en sus metas.

Ahora que tiene por fin la Llave Maestra, ¡úsela sabiamente para que progrese con confianza y construya una vida valiosa de grandeza dentro de usted!

Acerca de Ray Stendall

Ray Stendall es una de las autoridades líderes en Norteamérica en el desarrollo de la efectividad personal y potencial humano. Es un conferencista con una sorprendente capacidad para informar e inspirar a sus audiencias en sus logros de los niveles óptimos de rendimiento. Ray también proporciona servicios de Consultoría en Negocios y Marketing en Internet orientados a resultados. Le puede escribir a su sitio web: http://www.RayStendall.com

Toma el Control de Tu Destino

por
Jim Rohrbach
Lincolnwood, Illinois

Napoleón Hill afirma en su prólogo, que el "secreto" de **Piense y Hágase Rico**, es mencionado no menos de un centenar de veces. Así lo establece en su prólogo:

"A medida que usted vaya leyendo estas páginas, el secreto a que me refiero saltará de cualquiera de ellas ante usted; ¡si es que está usted dispuesto a recibirlo! Tan pronto aparezca lo reconocerá inmediatamente. Si lo recibe en el primer capítulo, o en el último, deténgase un momento cuando se presente y haga un brindis, pues ese momento marcará el cambio más importante de su vida."

Después de numerosas lecturas e intentos vanos, leyendo y releyendo (¡frustrado por no encontrarlo!), Opté por enfocarme específicamente en el primero y último capítulo del libro para descubrir que astutamente Hill revela su secreto justo en la última página:

"La llave maestra es intangible, pero muy poderosa. Constituye el privilegio de crear en su propia mente un ardiente deseo de alcanzar una forma definida de riqueza. No hay castigo por el uso de esa llave, pero hay un precio que se ha de pagar por no usarla. El precio es el fracaso. Hay una recompensa de maravillosas proporciones si usted usa la llave. Es la satisfacción que experimentan todos los que conquistan su propio yo y obligan a la vida a que pague lo que se le pide."

Dicho en otras palabras, todos tenemos la libertad (y la responsabilidad, al aceptarlo) de tomar nuestras propias decisiones acerca de lo que queremos. Así pues, al tomar el control de nuestro propio rumbo, nos volvemos creadores de nuestro propio destino.

A pesar de que han transcurrido muchos años de este hallazgo personal, estoy agradecido de que Napoleón Hill me hiciera trabajar para descubrir el secreto - ¡y es que nada vale la pena poseer sin antes haber trabajado por ello!

Acerca de Jim Rohrbach

Jim Rohrbach es Coach en Habilidades para el éxito, "El Entrenador de Acondicionamiento Personal para Negocios,". Entre sus clientes están Empresarios, Dueños de Negocios y Profesionales en Ventas. Ha ayudado a cientos de gentes a alcanzar sus metas desde que desarrolló su primer programa de entrenamiento en 1982. Para concertar una consulta gratuita con Jim le puede escribir en: www.SuccessSkills.com.

Encontrando la Fórmula para el Éxito en Piense y Hágase Rico

por
Judith B. Arcy, Ph. D.
Memphis, Tennessee

A muchos de nosotros, que nos hemos suscrito a la metodología del Dr. Napoleón Hill para alcanzar el éxito, a menudo nos preguntan, "¿En dónde encontraste la "fórmula para el éxito" que el Dr. Hill afirma está en alguna parte de **Piense y Hágase Rico**?" Aunque el Dr. Hill nos permite conocer casi de inmediato que su libro contiene lo que necesitamos para volvernos ricos; en ningún momento afirma que haya una fórmula oculta en el libro. Él solo dice que lo que necesitamos saber está allí en el libro. Yo no pasé por ese momento de euforia y gritar ¡Ya lo tengo! Siento que la fórmula para una vida rica está insertada dentro de las palabras y es una ecuación individual. Todas las fórmulas básicas para una vida exitosa tienen elementos comunes, la clave está en que cada lector reconozca la forma en que se le manifiestan estos elementos.

Todos reconocemos que los diecisiete principios son una síntesis de veinte años de investigaciones del Dr. Hill, bajo la guía de Andrew Carnegie. Y constituyen por mucho los primeros mensajes de actitud mental positiva y de autoayuda, y la base de toda la literatura contemporánea de organizar una búsqueda personal del éxito.

El Dr. Hill comienza nuestro viaje con la declaración aparentemente simple que, "los pensamientos son cosas" y cosas muy poderosas, conduciéndonos a la línea fundamental o básica de una fórmula para el éxito que incluye una definición de propósito. Nos aconseja que valoremos nuestros pensamientos, exploremos mentalmente nuestros deseos y definamos lo que personalmente sentimos que es el éxito.

El Dr. Hill cree que el deseo es el punto de partida de todo logro. Y nos propone que usemos nuestra mente y emociones para encontrar nuestro propio deseo dominante – quizás anotando lo que pensamos para comprobar lo que obtengamos en respuesta cuando nuestra mente está libre. Esto puede sonar como una tarea de enormes proporciones. Se trata de buscar su yo más íntimo, sin reservas, a fin de explorar su definición del éxito. Cuando usted cree que puede lograr cualquier cosa que desee y desarrollar sentimientos tan fuertes que lo pueda poner por escrito como diario recordatorio, entonces habremos encontrado nuestra definición de propósito.

Nos recomienda ser positivos, centrarnos en lo que queremos y desterrar pensamientos sobre lo que no se desea ni se debería experimentar. La revisión diaria de la definición de propósito, nos permite mantenernos enfocados, y se nos pide hacer modificaciones cuando sea necesario y revitalizar nuestro progreso hacia el éxito.

Los pequeños relatos del Dr. Hill acerca de la gente que logró el éxito, contribuyó en gran medida a que los conceptos fueran más concretos para mí, ya que proporcionan una perspectiva de la vida real en contrapeso de las ideas tan a menudo intangibles.

Me gusta especialmente la declaración de Hill de que *"La fe es el jefe químico la mente."* Él creía que la fe es la relación entre el consciente y el subconsciente. La fe personal más una definición de propósito mejora la autoconfianza, la planificación deliberada y la aceptación de que los deseos serán realidades. La fe es el conducto entre el deseo y la realidad, lo que en última instancia nos lleva a la riqueza, ya sea monetaria o intrínseca.

La mayor parte de mi vida profesional ha transcurrido en la comunidad educativa. He enseñado en niveles preescolares hasta niveles universitarios. Durante más de veinte años, fui funcionaria del Departamento de Defensa Estadounidense, asignada al Comando de Reclutamiento de la Marina.

Desde mi primer día en el campo de la enseñanza, me di cuenta que al ayudar a los jóvenes a construir su autoconfianza, aumentaba mi propia confianza y el placer de ver a ciudadanos jóvenes convertirse en adultos felices y productivos. A veces, esto no acontecía, lo que me producía una profunda tristeza mezclada con esperanza. En el comienzo de mi carrera, no lograba formalmente identificar mi propósito definido en la vida mientras ayudaba a la gente a ser feliz y productiva a través de la educación, pero siempre me atrajo las experiencias y oportunidades educativas. Me siento bien cuando veo a mis alumnos (adultos o niños) alcanzar el éxito. Es algo que enriquece mi vida.

Una lección que aprendí pronto fue la de tener apertura a nuevas y en ocasiones inusuales oportunidades. Esto es parte del concepto del Dr. Hill acerca de la fe. Y es lo que me condujo a la carrera emocionante y poco tradicional como educadora en la Marina de los Estados Unidos

Pensaba que había encajado perfectamente en la vida académica de una maravillosa comunidad universitaria. Enseñaba a jóvenes y dinámicos estudiantes con una visión de un mundo en constante expansión y de oportunidades para ellos. Su energía y anticipación eran contagiosas. Como escritora de propuestas para financiamientos educativos (grant writing) y directora del programa Upward Bound, combinaba dos de mis actividades favoritas (ser escritora y maestra) y una necesidad de ayudar a la gente. Viajar siempre ha sido parte de mi definición de propósito. De pronto surgió la oportunidad de participar en una de las Visitas de Orientación Educativa de la Marina y esto cambió mi vida.

Esto no fue tan accidental como pudiera parecer. El tipo de búsqueda de donaciones para becas que utilizaba, empleaba el concepto de mente maestra tanto dentro de la universidad como a través de una organización profesional de educadores profesionales para la igualdad de oportunidades. Parte de nuestra tarea era desarrollar oportunidades en la conciencia de carrera para nuestros estudiantes de secundaria y universidad.

El propósito de efectuar estas visitas era la de actualizar a los educadores en lo referente a las oportunidades de empleo y la educación en la Marina. Todos mis estudiantes provenían de familias de bajos ingresos y que no suelen tener mucho contacto con una variedad de carreras fuera de sus comunidades. Con el visto bueno del Decano de la Universidad, me puse en marcha hacia la ciudad de San Diego ¡a la Marina! Recorrimos escuadrones de la aviación, buques de superficie, submarinos y aulas. Aprendí mucho del uso de las matemáticas que le dan los estudiante de Marina en los niveles de secundaria y bachillerato y las enormes responsabilidades que se les asigna a estos jóvenes marineros. Aprendí acerca de todo lo que se requiere para mantener funcionando una pequeña ciudad dentro de un barco. Un portaaviones tiene más miembros en su tripulación que la población entera de la pequeña ciudad donde crecí. Regresé a casa con un mayor conocimiento y respeto por nuestros militares y una riqueza de oportunidades para mis estudiantes. Todos necesitaban ayuda para financiar sus estudios universitarios, y ahora podría añadir una nueva oportunidad a su lista de posibilidades

Menos de un mes después, recibí una llamada telefónica de la Marina solicitándome que aplicara para una posición como Especialista en Servicios Educativos en su distrito de reclutamiento de Kansas City. Mis responsabilidades incluirían la visita a las escuelas secundarias y universidades en un área de tres estados, calificando solicitantes para tareas especiales, comprobando la autenticidad de sus documentos de preparación académica y ayudando a los educadores como vínculo para entender la misión de la Marina y, a su vez, ayudando al personal de Marina a entender mejor a los civiles. El cargo incluía llevar a los educadores a visitas, similares a las visitas que ya había tenido con anterioridad, en instalaciones de la Marina por todos los Estados Unidos

Esta oportunidad me ofreció la oportunidad de hacer muchas de las cosas que tenía en mi "lista de planes futuros". Todavía tendría contacto con los estudiantes de bachillerato y universidad que necesitaban ayuda para tomar decisiones de carrera, también seguiría con mis actividades como solicitante de financiamientos educativos y ¡tendría la oportunidad de viajar! Era una sensación agridulce tener que dejar a mis alumnos y la comodidad y libertad de la comunidad académica, pero yo estaba muy emocionada de tener esta gran oportunidad de ser una educadora de una manera no tradicional. Mis hijos, que eran todos en la universidad, me animaron a hacerlo, ¡y lo hice!

Durante mis más de veinte años como "EdSpec" (Especialista en Servicios Educativos), viví en Kansas City, y trabajé en Kansas City, Missouri, Chicago, Il y Memphis, TN. Me volví Asesora en Educación del Almirante de la Marina y viajé a la mayor parte de los Estados Unidos, en donde me reuní con cientos de interesantes jóvenes muy orgullosos de sus logros.

Tuve la oportunidad de observar a gente exitosa, tanto civiles como militares. Y he comprobado que los diecisiete principios documentado por Napoleón Hill son más evidentes en estas dos comunidades. Lo sobresaliente es que el éxito dentro de sus miembros depende del trabajo en equipo, la planeación conjunta, recorrer la milla extra, la autodisciplina, el entusiasmo, la agudeza de pensamiento, la atención controlada, la iniciativa personal, la creatividad y la personalidad agradable para liderar y seguir. Además el mantenimiento de una buena salud es una condición de empleo para los militares y una necesidad absoluta para el éxito sostenido en cualquier escenario de la educación.

Los principios arriba mencionados parecen estar entrelazados. Las personas con una personalidad agradable, que para algunos significa no ser negativo, son favorables para una labor de planeación conjunta. Una persona con atención controlada, iniciativa personal y pensamiento exacto son ideales para trabajar en equipo porque poseen los conocimientos necesarios para implementar un concepto. Y esto también lleva a la planeación conjunta. Las posibles combinaciones de los diecisiete principios son numerosas y cada uno le facilita a un individuo desarrollar y perfeccionar una definición de propósito mediante un plan flexible para el éxito, que le permitirá acceder a las riquezas.

Se sabe que algunas personas rehúsan discutir el tema de la fuerza del hábito cósmico. Yo creo que es la base para los otros principios y es la motivación que está detrás del desarrollo de un propósito definido. Ha sido y sigue siendo una guía espiritual para mí. Aunque a veces no lo reconocí de inmediato, no creo en las coincidencias en la vida, sino más bien en las oportunidades que se nos presentan para que las aprovechemos libremente para hacer lo correcto. Frecuentemente, yo tenía el deseo reprimido por viajar y por una serie de "decisiones afortunadas", pude combinar el viaje con mi profesión, en la que aún sigo activa de una manera más relajada. Estoy jubilada, pero sigo dando clases en otra manera que no es la tradicional.

Una de las personas más interesantes que conocí durante mis recorridos por el país, visitando escuelas públicas y privadas, fue la directora de una pequeña escuela preparatoria de Indiana. Como ocurre a veces, desarrollamos una amistad inmediata y establecimos una relación profesional. Poco antes de jubilarme, me llamó por teléfono y me comentó que para ese entonces ya era la Directora del Centro Mundial de Enseñanza Napoleón Hill. Le comenté mis planes de retirarme del servicio activo y me dijo, "Bien, ahora ya puedes ir a Malasia con nosotros. Necesito otra conferencista." Y así comenzó mi nueva aventura en la educación.

Me sorprendí y me quedé sin palabras. Malasia no estaba en mi "lista de deseos", simplemente porque ni siquiera lo había considerado muy bien. Judy Williamson, con el apoyo que me brindó, me ayudó a volver a mi definición de propósito y me convertí en una activa defensora de Napoleón Hill. Mi experiencia en dos áreas muy diferentes de mi propia sociedad me ha brindado la oportunidad de ver que las ideas del Dr. Hill son viables en cualquier situación. A través de la Fundación Napoleón Hill, todavía tengo la posibilidad de enseñar, viajar y conocer a gente maravillosa e interesante en todo el mundo.

He aprendido que hay muchas maneras de volvernos ricos. Para algunos el dinero es el concepto más importante. Para otros, es enriquecerse de amigos, para otros más es la libertad de hacer algo además de su carrera profesional. Siento que todos dan y reciben regalos (o riqueza, si se prefiere llamarle así) diariamente. Durante una misa estreche brevemente la mano de una señora – y me agradeció el gesto. No nos conocíamos y nunca nos habíamos visto antes. Simplemente sentí que hacer eso era lo correcto y una vez más la fuerza del hábito cósmico estaba ahí presente creando una sensación de orden. Diariamente me sorprende lo fácil que puede ser hacer la diferencia en la vida de alguien más y especialmente en mi propia vida.

Uno de los muchos regalos disponibles de **Piense y Hágase Rico** es la oportunidad de leerlo una y otra vez. Cada vez que lea el libro, encontrará nuevos tesoros y la oportunidad de refinar las metas existentes o establecer nuevos objetivos. No todos los objetivos se pueden lograr en el primer intento. Cuando ocurren reveses, Hill recomienda que nos fijemos en las cosas positivas que ocurrieron, rediseñar las estrategias y volver a intentarlo. Sus principales ejemplos son Thomas A. Edison y Walt Disney.

La película "Forrest Gump" es un ejemplo visual de muchos de los principios documentados del Dr. Hill. A pesar de que "Forrest" reconocía que "no era un hombre brillante", como se lo expresara a Jenny, tuvo el tino de escuchar a su madre, quien le dijo que buscara dentro de él mismo para encontrar lo que le gustaría hacer y que siempre diera lo mejor de él. Palabras que son válidas y aplicables para todas las personas. "Forrest" aprendió de la adversidad, y desde el comienzo de su vida, supo que la honestidad y su amor por los demás le ayudarían a alcanzar sus metas. "Forrest" aprovechó al máximo las oportunidades que le brindó la vida. Él siempre fue más allá (la milla extra), tenía una personalidad agradable, y una fe aplicada, que finalmente lo llevó a lo que realmente deseaba.

El "gran secreto" que "necesitamos tener" no es una fórmula simple para el éxito. Más bien creo que es la actualización de un concepto que la mayoría de nosotros aprendió a temprana edad, independientemente de nuestra religión o fe. "Trata a los demás, como te gustaría que te trataran a ti." Necesitamos reconocer los talentos que Dios nos ha dado, darnos cuenta de que tenemos que establecer objetivos de alto nivel personal y profesional, definirlos bien, desarrollar y ejecutar un plan utilizando los diecisiete principios y disfrutar de lo que estamos haciendo. La base de un plan exitoso es el honor personal y la capacidad de amar a nuestros semejantes, aun cuando no siempre seamos fáciles de amar.

El listado de las personas de éxito que se menciona en el prólogo de **Piense y Hágase Rico** no es solamente una lista de temas de investigación del Dr. Hill, sino la lista de personas que respetaban y auténticamente se preocupaban por la humanidad. Todos ellos tenían el compromiso de mejorar la humanidad. El Dr. Hill explica: "Lo peculiar sobre el secreto es que aquellos que una vez lo adquieren y lo utilizan, literalmente son ¡barridos por el éxito, con poco esfuerzo y nunca más vuelven a enfrentarse al fracaso!" Continúa diciendo que nada es de gratis y el secreto del éxito no se puede comprar. Sólo puede ser encontrado por aquellos que intencionalmente lo buscan.

La mejor recompensa que nos podemos dar a nosotros mismos es el don de la realización. Necesitamos valorar con humildad los talentos que nos ha dado la fuerza del hábito cósmico y nuestros logros, para que podamos seguir creciendo y ser emocional y espiritualmente más ricos y de ese modo hagamos un mundo mejor para todos.

¡Que tengan una buena caza del secreto! No me queda duda de que encontrará su fórmula secreta dentro de las páginas de **Piense y Hágase Rico.**

Acerca de Judith Arcy

Judith Arcy, Ph. D., es asesora profesional en educación en la ciudad de Memphis, Tennessee. Experta en propuestas de financiamiento educativos, asesora del gobierno en materia educativa, docente en las áreas pública y privada e instructora certificada por la fundación Napoleón Hill. Los 17 principios del Dr. Napoleón Hill son para ella luces que la han guiado profesional y personalmente. Le puede escribir en: judyarcy@bellsouth.net.

¡Sé, Haz y Posee!

por
Shane Morand
Oakville, Ontario Canada

Aunque me considero un aficionado en el tema del clásico libro de Napoleón Hill, **Piense y Hágase Rico,** aquí está mi historia y lo que creo que es el *secreto* tantas veces aludido en el citado libro.

Nunca olvidaré el día en que cayó en mis manos una copia de **Piense y Hágase Rico.** Este fue el día que cambió mi vida positivamente para siempre de una manera que no podría haber imaginado nunca antes. Yo tenía 19 años y acababa de iniciar mi primer trabajo como Coordinador de Producción en una importante compañía de impresión de Ottawa, Canadá. Mi salario total antes de impuestos era la friolera de $ 10.000 por año. Sólo para poner las cosas en perspectiva, recuerdo que cada 2 semanas me dirigía al banco local a depositar mi cheque de pago de $ 284.00.

Yo no tenía habilidades especiales fuera de lo ordinario, aparte de ser un muy buen jugador de hockey y ser seleccionado en la primera ronda para jugar hockey en categoría junior. No obstante, tenía un extraordinario DESEO en convertirme en una persona exitosa en la vida y creo que ese día llegó a partir de que comencé a leer el libro de negocios más vendido de la historia, **Piense y Hágase Rico** de Napoleón Hill, fue a partir ese día que todas las cosas comenzaron a cambiar para mi.... fue como si el propio Napoleón Hill me hubiera entregado un cheque en blanco y ahora tenía el poder de ponerle la cantidad que yo quisiera. Yo lo sabía.... Y me la creí... que también podía **Pensar y Volverme Rico.**

El año era 1982

Los avances en la tecnología que se iniciara en los años previos siguió cobrando impulso en 1982 con el lanzamiento de la computadora Commodore 64 y por primera vez el reproductor de CD de Sony. El avance tecnológico era tan importante que hasta la revista

"Time" designa a "La computadora" como el personaje del año. Otros artículos novedosos incluía la apertura del Centro Epcot de Disney, el Monumento a los Veteranos de Vietnam, el pánico por el uso del Tylenol, la muerte de John Belushi, el nacimiento del príncipe Guillermo y los primeros casos de SIDA en Canadá. Fue un gran año en el cine con películas como "ET, Fast Times, The Wall," Michael Jackson mandaba en la escena musical y la radio con su éxito "Thriller", que se convirtió en el álbum más vendido de todos los tiempos. El año 1982... lo recibí con los brazos abiertos, por ser el año en que leí la obra clásica de Napoleón Hill **Piense y Hágase Rico**. Y el año en que todo cambiaría para mí.

¿El Secreto?

Recuerdo ese momento cuando abrí el libro **Piense y Hágase Rico** de Napoleón Hill. En aquel entonces, devoraba prácticamente cada página y aunque no podía recordar la mayoría de los detalles de ese clásico de 1937, de pronto, una muy curiosa declaración de Napoleón Hill se repetía tantas veces que se me quedó grabado.... Decía de la existencia de un "**secreto**." "*¿Un secreto? ¿Qué secreto? ¿Dónde estaba ese secreto? ¡Necesito encontrarlo! ¿Cómo sabré cuando lo haya descubierto? ¿Este secreto hará una diferencia en mi vida? ¿Dónde diablos está el secreto?*" Él decía que estaba en todas las páginas, pero que sólo aparecía cuando el estudiante estuviera dispuesto a descubrirlo. "!Bueno, por supuesto, que yo estaba dispuesto! Tenía 19 años y necesitaba ese secreto"... así que me puse a leer el libro, y luego volví a leerlo, una y otra vez hasta descubrir algo tan interesante que todavía hoy al recordarlo me pone la piel de gallina cuando pienso en ese momento.

Me di cuenta de que cada vez que leía y releía **Piense y Hágase Rico**, era como si alguien hubiera añadido nuevas páginas de información en mi libro, nuevos conceptos, nuevas lecciones de vida, nuevas estrategias que no estaban allí la última vez que había leído el libro ¡a pesar de que acababa de terminar de leerlo unos días antes! ¿Cómo podía ser eso posible?

No importa cuántas veces leí y releí **Piense y Hágase Rico** siempre suponía que al iniciar una nueva lectura por fin AHORA sí lograba descubrir el secreto al que Napoleón Hill se refería. Pero si yo ya sabía el secreto, entonces ¿por qué el secreto cambiaba para mí con cada nueva lectura?

Esto me indicaba que en realidad aún no había ni descubierto ni identificado el secreto, sin embargo, estaba absolutamente decidido a descubrirlo, por mi cuenta, y que estaba resuelto a hacerlo sin importar ¡el tiempo que me costara lograrlo!

Había un concepto y una idea importante que se me quedó grabado... "*Todo el mundo es capaz de lograr cualquier cosa que su mente pueda concebir y creer.*" De hecho, estaba muy fascinado con ese párrafo de información y los muchos términos que Napoleón Hill menciona en el libro -como el DESEO, LA FE, LA PERSEVERANCIA, LA IMAGINACIÓN, IR LA MILLA EXTRA, LA AUSUGESTIÓN, - que empecé a compartir estos conceptos con todas las personas que conocía. En otras palabras, se comenzaba a gestar una actitud de cambio por la fascinación que estos conceptos me habían despertado y por esa razón no dudaba en compartirlos.

Pensé que "**eso**" era el secreto escondido. Había identificado pedazos y piezas sueltas. Pero nunca entendí el cuadro completo. El secreto para mí sólo me llegó después de leer el libro una y otra vez, hasta haberme aprendido de memoria prácticamente casi todos los capítulos de la obra.... Luego lo había vuelto a leer de nuevo. ¡Y por fin lo había conseguido! Más sobre el tema más adelante.

El secreto oculto está, de hecho, en cada página y ya he dado varias pistas en cuanto a cuál es el secreto (según mi opinión). Por supuesto, el secreto que refiere Napoleón Hill, cada lector de **Piense y Hágase Rico** tendrá la oportunidad de descubrirlo según su propia visión al respecto (¡No sea flojo ahora!)

Datos rápidos ... seis meses posteriores a la primera lectura de **Piense y Hágase Rico** compré mi primera casa a la edad de 19 años... 6 años más tarde, a la edad de 25, me convertí en el vicepresidente más joven de Ventas y Marketing en la historia de una compañía de impresión importante en Ottawa, Canadá. Contribuí al lanzamiento de la primera red de televisión en el mundo dedicada al estudio del éxito, colaboré también en la integración de un equipo que rompió todos los récords de venta en la historia de una empresa pública de 24 años (NYSE), formé algunas empresas multimillonarias, conocí a la mujer de mis sueños, mi esposa Josie y he viajado por todo el mundo y conocido lugares como Bali, Singapur, Jamaica, Filipinas, Tailandia, Japón, Irlanda, Holanda, Alemania, Costa Rica, Dominica, México, y Hawai, por nombrar sólo algunos. Y, junto con mi esposa, hemos conocido algunas de las personas más increíbles a las que ahora llamamos nuestros amigos y ¡hemos disfrutado de toneladas de diversión! Y, más recientemente, he tenido el gran honor de colaborar en el prólogo de la edición de coleccionistas "del clásico.... **¡Piense y Hágase Rico**!

No estoy escribiendo esto para impresionar, sino para convencer a usted que hay un secreto en el libro, y está en cada página, y si usted no está viviendo sus sueños y alcanzando sus metas más altas, lo más probable es que simplemente ¡no ha descubierto el secreto... AÚN!... Y aquí está la pregunta más importante que debe responderse a sí mismo AHORA.... ¿cuando sería el momento excelente para DECIDIRSE a cambiar?

Y Lo Que es más Importante

Lo más sorprendente es que el secreto está en cada página justo como lo dijo Napoleón Hill... Ahora, antes de compartirle el secreto; quiero pedirle, primeramente, que recuerde un gran logro que haya alcanzado en su vida...

Piense en este momento en un logro específico que le haga sentir muy orgulloso. Obtenga una imagen clara de ese logro, podría ser el coche que conduce, el trabajo que tiene, la casa donde vive, tal vez un premio que ganó, o algo muy especial que se pueda comprar o quizás unas vacaciones de una sola vez en la vida que pudo disfrutar a plenitud. Puede haber muchas cosas en su vida que le haga sentirse muy orgulloso, pero por ahora sólo ¡piense en uno solo de todos ellos!

Y para demostrar el secreto de una manera que usted pueda experimentarlo es necesario ser muy claros en ese logro específico que lo hace sentir orgulloso ahora mismo. ¿Está pensando en eso en este momento? Si no, no siga.... ¿Ya lo tiene en su mente?

OK, aquí vamos... mientras está recordando ese logro, irá descubriendo que ya antes ha usando el secreto y , que de hecho, está en cada página del libro y que varias pistas le he dado en este capítulo para encontrarlo, así que empecemos:

PIENSE Y HÁGASE RICO

En esta frase está el secreto que se encuentra en cada página, es el secreto que ya lo ha utilizado usted antes, poco o mucho dependiendo de cómo le esté yendo actualmente, es el secreto que deliberadamente se puede usar para SER, HACER y POSEER prácticamente todo lo que se quiera, ese es el secreto, lo que a sabiendas o sin darse cuenta, usted utilizó para alcanzar el logro o posesión que acaba de acordarse en los últimos minutos.

PENSAR

Antes de alcanzar un logro ¿Acaso no PENSÓ en ello reiteradamente una y otra vez hasta que le quedó claro sobre qué era lo que quería? ¿No lo imaginó como si fuera ya una realidad mucho antes de alcanzar el resultado deseado? Por supuesto que sí, porque todo comienza con ¡un pensamiento!

La silla en la que está sentado en este momento se hizo a partir del PENSAMIENTO de alguien que después lo transformó en una silla. El libro que tiene en sus manos ahora mismo tuvo su origen en el PENSAMIENTO del autor mucho antes de que se convirtiera en un libro, toda la ropa que lleva puesta es el producto de los PENSAMIENTOS que surgieron de las mentes de personas mucho antes de que entrara en la tienda a comprarla.

Y en mi opinión, aquí está la mejor parte... usted puede ser capaz o no de controlar muchas cosas a su alrededor, sin embargo, ¡lo único que puede controlar al 100% son sus PENSAMIENTOS! ¡Piense en eso por unos segundos! La mayoría de la gente que conozca seguramente rara vez reflexionan con respecto a este hecho de que pueden controlar sus propios pensamientos, que son responsables de sus propios pensamientos, que en cualquier momento pueden tomar decisiones para convertir estos pensamientos en ideas y proyectos más grandes, brillantes y fantásticos y que lo pueden lograr simplemente llevando a cabo el primer paso que es PENSAR en lo que se quiere realmente en la vida. Entonces, ¿En qué está pensando?

Cuando se emociona con lo que está PENSANDO, lo más probable es que comience a darles forma a sus pensamientos y llevarlos al campo de la ACCIÓN. A medida que comienza a actuar y empieza a acercarse a su objetivo deseado, es posible que note que su confianza empieza a CRECER, sin importa cuán pequeña sea la meta o el objetivo. A medida que su confianza crece, también crece su motivación por acercarse hacia su meta y al tomar más acciones sus resultados se incrementarán, produciendo como consecuencia una mayor confianza para moverse hacia la meta deseada. Podría continuar con este punto, pero creo que con lo dicho ya entendió lo que le intento explicar.

TODO lo que quiera SER, HACER y POSEER comienza a partir de sus pensamientos. Así que en mi humilde opinión, (les recuerdo que soy un aficionado en este tema) creo que el secreto al que se refiere Napoleón Hill era que los PENSAMIENTOS son muy reales, y que son cosas y creo que al respecto nos dio la pista más grande cuando menciona:

"Cualquier cosa que la mente del hombre puede concebir y creer, lo puede lograr".

PIENSE en grande, sueñe en grande y manténgase enfocado en lo que quiera SER, HACER y POSEER y recuerde esto... Si PIENSA que PUEDE o si PIENSA que no PUEDE..... en ambos casos ¡tiene usted la razón!

Acerca de Shane Morand

Shane Morand es CoFundador y principal distribuidor mundial de la Empresa OrGano Gold International, "La Compañía de Café más Saludable" y desde abril del año 2004 un empresario entusiasta por presentar este café saludable a todo el mundo. Shane sabe muy bien de lo que es alcanzar el éxito. Desde los 19 años ha leído y aplicado los principios del éxito de Napoleón Hill. Felizmente casado con su esposa Josie disfrutan de la vida viajando por el mundo y conociendo gente. Le puedes escribir a su sitio Web: www.ShaneMorand.com

El secreto al que me refiero no puede adquirirse a ningún precio aún cuando éste sea muy inferior a su valor. No podrá adquirirse a ningún precio por aquellos que no lo busquen intencionadamente. No puede regalarse ni tampoco puede comprarse con dinero, por la sencilla razón de que está formado de dos partes. Y una de ellas ya está en posesión de quienes están dispuestos a obtenerlo.

—Napoleón Hill

Creencia – El Secreto que se esconde en las Páginas de Piense y Hágase Rico

por
Gail Brooks
LeClaire, Iowa

Según Napoleón Hill, el secreto se menciona no menos de un centenar de veces a lo largo del libro **Piense y Hágase Rico**, y al menos una vez en cada capítulo. El secreto, dice el Sr. Hill, es la llave maestra que abre la puerta a la riqueza abundante en la vida. Es intangible, pero ¡poderoso!

Napoleón Hill dijo: "No he conocido todavía a nadie que deseando utilizar el secreto, no haya alcanzado un éxito notable en el terreno por él elegido. Tampoco he conocido nunca a ninguna persona que se haya distinguido en algún terreno o haya acumulado riquezas de cierta consideración y que no haya estado en posesión del secreto."

Yo creo que la clave intangible y poderosa para el éxito simplemente es ¡creer!

Cada página de **Piense y Hágase Rico** exhorta al lector a ¡creer! Cada capítulo hace hincapié en la importancia de la *creencia* y proporciona la hoja de ruta y los pasos individuales para la construcción de la *creencia* dentro de uno mismo.

Webster define la creencia como el acto mental, condición, o hábito de depositar la confianza en una persona o cosa. Es la aceptación mental, o convicción, en la verdad o la realidad de algo. Es lo que se *cree* o acepta como verdadero. La fe se define como la fortaleza de la creencia en la verdad, el valor o la honradez de una persona, idea, o cosa. La fe es, de hecho, la *creencia* que no se basa en una prueba lógica o evidencia material. La fe es la lealtad, lealtad a una persona o cosa. La *creencia* es la fe persistente y consistente en la ¡acción!

Para tener éxito, usted debe *creer* que las leyes mencionadas en **Piense y Hágase Rico** son aplicables para todos, usted incluído, sin importar raza, religión, herencia, situación económica o situación pasada, presente o actual. Para tener éxito, se debe tener fe, junto con el valor para usar e implementar en su vida personal, cada uno de los principios presentados en **Piense y Hágase Rico**. Para tener éxito usted debe creer:

- Que se le ha dotado con las semillas de la grandeza
- Que nació deliberadamente para un propósito
- Que es digno del éxito
- Que los recursos que requiera estarán disponible para usted
- Que puede proporcionar un valioso servicio
- Que es libre y capaz de perseguir su sueño por todos los medios disponibles, siempre y cuando sean honestos, legales, morales y no viole los derechos de los demás
- Que como ciudadano estadounidense, usted tiene toda la libertad y todas las oportunidades para acumular todas las riquezas, definiendo lo que aspira obtener
- Que usted tiene la oportunidad y la capacidad de prestar un servicio útil y recoger las riquezas en proporción al valor de ese servicio proporcionado
- Que usted posee la capacidad de tomar decisiones rápidas y definidas
- Que tiene una mente y un cerebro propios y que solo usted posee la capacidad para emplearlos
- Que tienen el coraje de soñar grandes sueños y alcanzarlos
- En el poder del Universo e Inteligencia Infinita
- Que cada fracaso lleva consigo la semilla de un beneficio equivalente
- En su capacidad para crear y llevar a cabio un plan de acción
- En usted mismo para apuntar alto y ponerse metas, independientemente de lo que otros puedan decir o hacer para convencerlo de hacer o creer lo contrario
- Que hay una magnífica recompensa para todos los que optan por tomar el control de su destino
- Que la perseverancia, la concentración de esfuerzos y un propósito definido son las fuentes principales para el logro – todo ello posible en el hecho de creer que ¡USTED PUEDE!

Según Napoleón Hill, "Hay millones de personas que *creen* estar 'condenados' a la pobreza y el fracaso, por causa de alguna fuerza extraña superior sobre la que no tienen control alguno. Ellos son los creadores de sus propias "desgracias" porque *creen* en su fracaso inevitable. Como resultado, el subconsciente recoge esa *creencia* y lo traduce en su equivalente físico."

Yo *creo* que puedo lograr lo que mi mente pueda concebir y *creer*. ¿Y usted?

Cómo llegué a Creer

Mi primer encuentro con Napoleón Hill y el concepto de la *creencia* en si mismo se inició en el año 2003. En ese momento de mi vida yo tenía una pequeña empresa de comunicaciones y diseño gráfico en Moline, Illinois. Uno de mis clientes era la Rock Island Housing Authority (Riha), que era una autoridad local de vivienda pública (PHA). Como tal, su misión principal es proporcionar vivienda a las personas que tienen ingresos de 30% o por debajo del ingreso promedio del área (AMI). Sin embargo, Riha también estaba muy interesada en la ampliación de su eficacia mediante la implementación de lo que el gobierno federal identifica como los Programas de Autosuficiencia Familiar (FSS). Además, querían avanzar hacia un perfil de independencia económica cada vez más empresarial y el desarrollo de nuevos ingresos mixtos de vivienda para satisfacer las necesidades de vivienda de un mercado amplio. Para sentar las bases de su plan, requerían de lo que ellos llaman, un Plan de Gestión de Activos que, en última instancia se convirtió en una parte importante de su plan estratégico a veinte años. Yo fui parte del equipo que elaboró ese plan

Como parte del proceso de redacción del plan, comencé a investigar otros programas de autosuficiencia a fin de determinar el mejor proceso para su implementación. También busqué en muchos de los estudios del gobierno lo relacionado a la filosofía de la evolución de ingresos mixtos, la desconcentración, y la eficacia de la programación de la autosuficiencia en general. Y toda esta programación de fondos federales (FSS) estaba orientada principalmente a la población adulta.

Al mismo tiempo dentro de mi vida profesional, me convertí en Empresaria Independiente en una empresa de marketing multinivel. Como parte de ese negocio, me suscribí a un Programa de Desarrollo Profesional (PDP). Y como parte del programa, la empresa me envió un libro del éxito acompañado de una serie de audios de motivación para escucharlos mensualmente. Muchos de los libros se basan en las enseñanzas de Napoleón Hill, incluyendo **Piense y Hágase Rico** y **Cómo Ganar Amigos e Influir sobre las Personas** de Dale Carnegie. Como parte del programa del PPD, recibí también un libro titulado, **La Escalera Mágica del Éxito**. El libro en cuestión es una versión condensada de los diecisiete principios del éxito personal desarrollado por Napoleón Hill. El libro fue publicado por la

Fundación Napoleón Hill en conjunto con el Centro Mundial de Enseñanza Napoleón Hill

Mientras leía el libro, no pude evitar comparar la lectura con la investigación que había hecho en relación con la pobreza y los problemas sociales relacionados con la vivienda subsidiada por el gobierno y la programación de la autosuficiencia que sería necesaria para romper ese ciclo. Lo que me sorprendió fue el capítulo titulado Las Treinta Causas más Comunes del Fracaso, que figuran en la parte posterior del libro. Según Napoleón Hill, una base hereditaria desfavorable está a la cabeza de la lista como la causa de cualquier fracaso o derrota temporal. "La mala educación", según sus propias palabras, " es una desventaja contra la cual hay poco remedio, y es una de las causas en las que el individuo, desafortunadamente, no es responsable.

¡Fue entonces cuando me di cuenta! Nos estábamos dirigiendo con nuestros programas hacia el grupo equivocado. Basado en la teoría de Napoleón Hill, ya era demasiado tarde para la mayoría de los adultos que viven en la pobreza poder cambiar su percepción de sí mismos y sus circunstancias de vida. Sin embargo, si pudiéramos de alguna manera llegar a los niños, e inculcar en ellos un cierto grado de esperanza, y les proporcionáramos las herramientas necesarias para romper el ciclo, ¡habría entonces una posibilidad, una oportunidad real de tener un impacto positivo en la vida de cientos de jóvenes!

La segunda cosa que me llamó la atención fue el hecho de que esto va mucho más lejos y mucho más profundo y afecta a más gente aparte de los que viven en viviendas subsidiadas por el gobierno. Somos nosotros, todos y cada uno, los que tenemos que *creer* en lo que queremos ser. Si creemos que estamos destinados al fracaso, en cualquier aspecto de nuestras vidas, entonces fracasaremos. Pero si *creemos* que podemos tener éxito y transformar esa *creencia* en planes de acción apoyados en esa fe, podremos alcanzar las metas.

Las personas tienen éxito, porque *creen* que pueden. Ellos *creen* que tienen la capacidad y recursos para superar cualquier obstáculo que enfrenten, incluyendo una "mala educación". Ellos *creen* que cada fracaso lleva consigo una lección que deben aprender, independientemente de sus circunstancias pasadas, presentes o futuras. Ellos *creen* que con perseverancia y una actitud mental positiva, cualquier cosa que sea necesaria para el cumplimiento de su objetivo les llegará inevitablemente. Y todo ello porque ¡*creen*!

Napoleón Hill dijo: ""los pensamientos son cosas" y cosas muy poderosas cuando se mezclan con firmeza de propósito, perseverancia y un ardiente deseo de traducir todo ello en riqueza u otros objetos materiales."

El Sr. Hill ilustra este punto con una historia sobre Thomas A. Edison y un "vagabundo", llamado Edwin Barnes. De acuerdo con Hill, Barnes literalmente *pensó* en hacer ¡una sociedad con el gran Edison! Y convertir su pensamiento en una fortuna. No tenía nada para empezar, excepto su capacidad de saber (creer) lo que quería, y la determinación de mantener vivo ese deseo hasta su realización.

Barnes confiaba en su creencia de tener la capacidad para alcanzar su meta.

Para ilustrar aún más el hecho de que la creencia es ciertamente el secreto, vayamos a lo que menciona el Sr. Edison sobre el tema, "lo que he aprendido en años de experiencia con las personas, es que cuando un hombre desea realmente algo de manera tan profunda (y *cree* en eso con tanta fuerza), que está dispuesto a apostar todo su futuro en una sola vuelta de la rueda con el fin de obtenerlo, es seguro de que gana."

Napoleón Hill lo resume muy bien cuando dice: "Nos negamos a *creer* lo que no entendemos. Tontamente *creemos* que nuestras propias limitaciones son la medida real de todas las limitaciones." Además agrega, "Nosotros somos los dueños de nuestro destino, los capitanes de nuestras almas, porque tenemos el poder de controlar nuestros pensamientos."

Napoleón Hill nos enseña que no hay limitaciones para la mente, excepto las que nosotros mismos nos imponemos. Tanto la pobreza y la riqueza son el fruto de nuestros pensamientos. Lo que pensamos en última instancia se convierte en lo que *creemos*. El Sr. Hill nos exhorta a *creer* cuando dice: "Es posible que como bien sabemos aquí, nunca se puede tener riquezas en grandes cantidades a menos que usted pueda trabajar con un ardiente deseo por el dinero, y de hecho en *creer* que lo podrá poseer."

Según Napoleón Hill, "Nadie está preparado para una cosa hasta que *cree* que puede conseguirlo. "Cuando Edwin Barnes bajó del tren de carga en Orange, Nueva Jersey, era lo más parecido a un "vagabundo", ¡pero sus pensamientos eran parecidos a los de un rey! ¡Su deseo no era una esperanza! ¡No era una intención! Era un gran deseo, palpitante, que trascendía a todo lo demás. Era definitivo, que Edwin Barnes *creía* que tendría éxito.

Napoleón Hill afirma, "Si lo que desea hacer es correcto, y usted cree en ello, siga adelante y ¡hágalo! No hay nada, correcto o incorrecto, que la *creencia*, además de un deseo ardiente, no pueda hacer realidad."

Tenemos dentro de nosotros, el poder de *creer* y alcanzar lo que nos propongamos!

Todo viaje de Miles de Millas comienza con un simple paso

La culminación de los esfuerzos de autosuficiencia que perseguía Riha, no estaba bien orientada y se estaba dirigiendo hacia la población equivocada, esto fue una revelación que me impactó y me obligó de inmediato a tomar el teléfono y llamar al número que traía impreso el libro *"La Escalera Mágica del éxito"* Cuando me tomó la llamada directamente la Directora del Centro Mundial de Enseñanza Napoleón Hill, la Señora Judith Williamson, supe que iba por el camino correcto.

Me presenté con ella y le expliqué sobre el proyecto en que me encontraba trabajando y que de repente se me ocurrió que lo que realmente necesitaba era un programa para ayudar a niños de bajos ingresos ¡pues ellos tenían propósitos definidos! Yo quería encontrar una manera, un medio, y un "programa" que ayudara a nutrir los sueños de cada uno de estos niños. Quería ayudarlos a descubrir que independientemente de sus circunstancias, se merecían la realización de sus sueños. Que tenían el derecho de perseguir esos sueños, sin importar cuales fueran. Yo quería encontrar una manera de enseñarles estos principios recién descubiertos para esos niños que vivían en ¡viviendas públicas! Le comenté que quería armarlos con las herramientas necesarias para el éxito, y quería que el Centro que ella dirigía desarrollara un programa y esparciera ese polvo mágico necesario en cada uno de los niños ¡para que ese sueño se diera!

Me parecía un plan factible y realizable.

Lamentablemente, se me informó que no existía un plan de estudios así, pero que el Centro de Enseñanza me ayudaría si yo quería *perseguir* la realización de esa idea para *desarrollar* e *implementar* el programa mismo.

¡Qué pasa con eso! Pensé. ¡Yo no soy maestra! ¡Mucho menos puedo elaborar un plan de estudios de este tipo! ¡Ellos eran los expertos! ¡Ellos ya han hecho este tipo de trabajos! No tenía idea de por dónde empezar. Yo tenía mil razones por las cuales *no podía*. Por supuesto, yo *creía* en el concepto y sin duda *creía* que ellos podrían hacerlo, pero en lo que no *creía* es que yo pudiera hacerlo.

En **Piense y Hágase Rico**, el Dr. Hill nos enseña que, "si una persona no tiene fe en su propósito, la cristalización de su deseo, junto con su capacidad de convertir ese deseo en acción será imposible. S capacidad para sobreponerse a la adversidad y para desarrollar planes alternativos de acción también se vería afectada sin la *creencia* de que su objetivo es digno de un esfuerzo continuado. Para tener éxito en cualquier empresa, usted debe *creer* que usted es digno de éxito y que en última instancia, tendrá éxito."

Yo creía que era completamente incapaz de crear un programa. Ni siquiera había comenzado el proyecto y ya me había preparado para el ¡fracaso total!

Según Napoleón Hill, "La independencia financiera, la riqueza, los negocios exitosos y los puestos profesionales de trabajo no están al alcance de las personas inseguras y de aquellas que se rehúsan a la planeación y exigencia de estos logros.

Fue entonces que Judy me animó a aprender más sobre los principios para que yo me encontrara en posición de desarrollar e implementar el programa y cumplir mi *definición de propósito* recién descubierta.

Hechos, no palabras, eso es lo que más cuenta. Tuve que tomar una decisión.

Y fue justo lo que hice. Completé el Programa de Educación a Distancia y desarrollé un plan de acción que me puso en el camino de acercarme más a mi meta deseada. Pero, eso no sucedió de la noche a la mañana. Hubo otros obstáculos, además de mis inseguridades y el miedo a vencer

En primer lugar, no conseguí financiamiento federal para implementar el programa, por lo que no se pudo desarrollar e implementar bajo el auspicio de la autoridad de la vivienda.

En segundo lugar, mi intención era presentar el nuevo programa *basado en el éxito* en un entorno extraescolar. No podía imaginar el mundo académico implementando un programa basado en los 17 principios del éxito personal de Napoleón Hill.

En tercer lugar, no había dinero para financiar el programa y nadie estaba interesado en adoptarlo por su cuenta. Eso significaba que tenía que encontrar a alguien dispuesto a aprender y enseñar la clase gratuitamente y sin duda ¡no imaginaba que eso pudiera suceder! Además, no se veía que la financiación apareciera a menos que yo personalmente saliera y lo encontrara. Pero a pesar de todo, yo no dejaba de insistir, aunque cada vez más descorazonada.

De acuerdo a lo que establece **Piense y Hágase Rico** de Napoleón Hill, la base de la perseverancia es la fuerza de voluntad, que puede ser controlada solamente por la *creencia* de que se podrá y se logrará el propósito que uno defina. La mayoría de las personas que se desalientan y están a punto de lanzar por la borda sus propósitos y metas, y derrotarse ante las adversidades e infortunios es porque carecen de fe. A esas personas les falta *creer* que ellos tienen el poder de superar cualquier obstáculo que se les presente.

"El punto de partida de todo logro es el deseo. Deseos débiles traen consigo resultados débiles." Yo tenía el deseo débil.

El Eslabón Perdido

Algún tiempo después, Judy me invitó a asistir a una jornada de puertas abiertas en el Centro Mundial de Enseñanza de Purdue Calumet, en Hammond, Indiana. Estando allí, me encontré con algunas personas que manifestaron su interés en mi proyecto de un programa extraescolar basado en los *17 principios de la Realización Personal* de Napoleón Hill. También sugirieron que trabajando juntos, podríamos encontrar la financiación necesaria para ejecutar el programa en el distrito escolar de Gary, Indiana. Por supuesto, el reto era que todo el programa aún seguía siendo solo una "idea". De hecho, todavía no había escrito ningún plan de estudios. Sólo lo tenía considerado como una gran "idea" y lo genial sería que alguien lo aprovechara y de ese modo hacer (un poco) de todo el trabajo que me correspondía.

Yo tenía un "pensamiento de pobreza" ese que nace del miedo al fracaso. Aunque era una escritora muy capaz, nunca había preparado un plan de estudios y tenía miedo de que no iba a ser eficaz en ese aspecto y que (por ello) sabotearía el programa antes de que incluso pudiera iniciarse. Por supuesto que ya había saboteado el programa con mi inactividad y el miedo. Mi temor a la crítica había destruido mi iniciativa y desalentado el uso de mi imaginación.

En el capítulo de la mente subconsciente, Napoleón Hill nos enseña que cualquier persona puede desear riquezas, y la mayoría de la gente lo hace, pero muy pocos saben que solo mediante un plan definido, además de un ardiente deseo de riqueza, son los únicos medios fiables de conseguirla y de lograr nuestras metas.

También me faltaba perseverancia. Estaba llena de buenos deseos, pero aún no había implementado ningún tipo de plan de acción significativa. Pero eso estaba a punto de cambiar. Ahora estaba en el lugar apropiado para generar algo.

Después de muchas conversaciones, se decidió que necesitábamos una propuesta. Algún tipo de documento que ofreciera un panorama razonablemente inteligente del programa, junto con el valor que tendría para las escuelas que potencialmente lo incorporaran en sus programas extraescolares. También era necesario considerar el valor que representaría para los estudiantes que participaran en el programa. ¡Este era el tipo de trabajo que podía manejar! Yo sabía cómo hacerlo y ¡era buena en eso! Y así se inició el proceso.

Como decía Napoleón Hill, la felicidad se encuentra HACIENDO las cosas no sólo TENIENDOLAS (ni sólo pensando en hacerlas). Volví al plan de acción que había desarrollado durante mi proceso de certificación y me pareció sensato, por lo que lo desempolvé y comencé de nuevo. Ya había superado un gran obstáculo, pero no fue el último - y por mucho.

Generamos un gran interés en el área de Gary. Todos con los que platicaba expresaban maravillas del concepto y nos dijeron que estaban dispuestos a poner en práctica el programa en función a la disponibilidad de fondos. Así que allí estaba otra vez el mismo obstáculo. A todo el mundo le encantaba la idea, pero siempre y cuando estuviera respaldada por un capital y fondos para los instructores. El problema era que no se disponía de fondos. A nadie le gusta invertir en programas basados en personal no académico.

Me sentía frustrada con el sistema escolar de Gary, pero esta vez no se trataba de hacer a un lado el programa. Tenía una propuesta sólida y sabía que ¡podía "vender" la idea a alguien! Así que busqué ayuda en una amiga, que casualmente pertenecía al Club Rotario local de Rock Island, Illinois, que casualmente patrocinaban también a una escuela primaria local. El patrocinio incluía proporcionar útiles escolares a los niños que los necesitaran, la compra de diccionarios y otros libros y una variedad de otros servicios de apoyo, incluyendo fondos para actividades extraescolares. Le entregué a mi amiga la propuesta y le comenté que impartiría la clase como voluntaria. Eso eliminaría por lo menos un obstáculo. Todo lo que necesitaba era la financiación de los libros y los materiales necesarios para impartir la clase. El Club Rotario estuvo de acuerdo y ¡también la escuela! De repente estaba en condiciones de enseñar ¡seis de los 17 principios del éxito a dieciocho alumnos de cuarto, quinto y sexto!

En la preparación del programa de seis semanas, escribí un guión que fue etiquetado como "programa piloto." Eso fue lo más cerca que llegué a la redacción del plan de estudios. Al término de la semana seis, me reuní con el consejero escolar que me ayudó con la clase y el director de la escuela. Ambos se habían tomado la molestia y el tiempo para discutir el programa con cada uno de los estudiantes y me alimentaron de información al respecto. Por mi parte, escribí un informe y se lo entregué al Club Rotario para que estuvieran al tanto del manejo seguro de sus fondos.

La respuesta que había recibido fue muy positiva. Los niños la nombraron como su clase de "liderazgo" y según todos los indicios, disfrutaron todo el tiempo esta experiencia de estar juntos. Sin embargo, se me dijo que había tratado de cubrir demasiado material en muy poco tiempo y, según el consejero, no había incluido suficientes actividades interactivas. Y que había realizado más "presentación" que "enseñanza". ¡Extraño, no? Como he dicho, ¡yo no era maestra! Pero esta vez la experiencia fue más positiva que negativa y no estaba dispuesta a renunciar al programa debido a mis limitaciones. Era el momento de repensar en mi enfoque.

"La persistencia, la concentración de esfuerzos y un propósito definido son las principales fuentes para el logro de metas – y cada una de ellas es imposible sin la *creencia*. "

Según Napoleón Hill, el subconsciente recibe y archiva impresiones sensoriales o pensamientos, sin importar su naturaleza. El subconsciente actúa primero sobre los deseos dominantes que se han mezclado con sentimientos emocionales, tales como la fe. La mezcla de fe con un plan o propósito, sometidos a la mente subconconsciente, sólo se puede realizar a través de la imaginación. Así que seguí con mis opciones abiertas y mis antenas hacia arriba.

Al inicio del año escolar siguiente, me invitaron a convertirme en mentora como parte del programa PACERS (Logro Positivo y Creatividad igual a Éxito Justo). Así fue nombrado este programa (PACERS) por los estudiantes de bachillerato de Rock Island, Illinois. Se trata de un programa de tutoría académica, diseñado para ayudar a los estudiantes de bajo rendimiento a tener éxito y, finalmente, poder graduarse. PACERS proporciona un servicio constante a partir del primer año y termina con la graduación del bachillerato. Está diseñado para ayudar a los estudiantes a lograr el éxito personal, social y académico.

El programa PACERS es una asociación formada por el bachillerato Rock Island y la Universidad de Western, Illinois (WIU) y financiado mediante subsidio. Los mentores son los adultos de la comunidad que reciben un pequeño estipendio mensual que proviene en parte del subsidio. Los mentores se reúnen con los estudiantes de la escuela en una de las aulas durante un día regular de clases una vez por semana. También participan en una variedad de actividades de servicio comunitario con los estudiantes. Cuando no están en la escuela, los mentores involucran a sus estudiantes en una variedad de actividades que se les deja para que exploten libremente su imaginación. El objetivo del programa es proporcionar a los estudiantes apoyo académico y personal, y la estabilidad necesaria, mientras construyen relaciones positivas de largo plazo.

En el ciclo escolar 2010/2011, había alrededor de cincuenta y un estudiantes de primer año, segundo año y secundaria, y un total de veintiún mentores.

En el banquete de Navidad 2009, la Dra. Holly Nikels, profesora asociada de WIU, y administradora del subsidio para el programa de PACERS señaló que iban a buscar implementar algún tipo de plan de estudios en el programa. El programa PACERS era valioso, y estaban obteniendo resultados positivos, pero ambicionaban más y no era suficiente sólo enseñar a los estudiantes las habilidades de estudio. Querían que todo lo que hicieran fuera divertido y fuera de lo tradicional. Ellos no querían que el programa Pacers se convirtiera en otra "clase". También querían ofrecer a los mentores más orientación como parte del nuevo plan de estudios y ayudarlos a participar más activamente en el programa.

¡Yo no podía creer lo que estaba escuchando! Esta era exactamente la oportunidad que yo estaba buscando, y estaba lista ¡para sacar el máximo provecho de ello!

La Dra. Nikels y yo nos conocimos a los pocos días y le di mi propuesta. A partir de ahí me reuní con los consejeros escolares involucrados en el programa y se los expliqué así como lo valioso que podría resultar para ellos. Les describí la forma en que podrían trabajar en el aula, basándome en lo aprendido con el consejero y el director durante el programa piloto de la escuela primaria. ¡Ellos se emocionaron! El siguiente paso era conseguir que Judy Williamson también se involucrara en el proyecto. Se necesitaba que ella manejara todo lo referente al entrenamiento para la certificación.

Para los maestros y consejeros que enseñarían los principios en un salón de clases, se les requirió que obtuvieran su certificación del Centro Mundial de Enseñanza Napoleón Hill. Los mentores fueron incluidos en la capacitación para que participaran dentro del programa y obtuvieran así una mejor comprensión de lo que se trataba. Por su parte Judy Williamson y Chino Martínez se hicieron cargo de la sesión de entrenamiento de dos días y yo los asistí.

Según Napoleón Hill, ningún individuo puede tener un gran poder sin valerse de la "Mente Maestra". Ésta se define como "La coordinación de conocimientos y esfuerzos, en un espíritu de armonía, entre dos o más personas para la consecución de un propósito definido." Cuando dos o más personas se coordinan mediante un espíritu de armonía, y trabajan hacia un objetivo definido, se predisponen, por efecto de esta alianza, para absorber energía directamente de la gran reserva universal de la Inteligencia Infinita. Siendo ésta la mayor de todas las fuentes de energía.

En su libro **Piense y Hágase Rico**, el Dr. Hill nos enseña que la fe es el único antídoto conocido para el fracaso. Es el punto de partida para la acumulación de todas las riquezas. Cualquier cosa que convenza a nuestra mente subconsciente para que *crea*, nosotros la recibiremos. Por eso podemos ascender a las posiciones altas o permanecen en el fondo debido a las condiciones que podemos controlar si es que deseamos hacerlo. Cada uno de nosotros tiene el poder en su interior. ¡Y yo estaba sintiendo ese *poder*! ¡Mi *creencia* continuaba creciendo!

La respuesta de los mentores después de la capacitación fue ¡fantástica! Así que los ánimos estaban al tope ante el nuevo año escolar por venir y lo mismo pasaba con la Dra. Nikels, los consejeros y los maestros. Todos vieron el valor del programa y estaban convencidos, al igual que yo, que iba a tener un significativo impacto positivo en los estudiantes.

A la semana siguiente de la sesión de entrenamiento para maestros y mentores, me reuní con la Dra. Nikels, los consejeros y los maestros, a efecto de ultimar detalles de nuestros planes y el enfoque para la implementación del programa. Según esto me haré cargo de impartir un segundo curso de certificación para aquellos mentores que no pudieron asistir a la primera sesión de capacitación. Este entrenamiento estaría más enfocado a proporcionar una visión general del programa e incluiría una breve introducción de los seis principios que se enseñan en el aula. También seré responsable de impartir la primera clase a los estudiantes. El propósito de esta primera clase es proporcionarles a los estudiantes los conocimientos básicos acerca de Napoleón Hill. Igualmente les daré una visión general del programa y los seis principios que se enseñarán en el curso del siguiente año escolar. Por su parte, los consejeros y maestros recién certificados serán responsables de la impartición de clases en la escuela. Los mentores y los estudiantes participarán en las clases semanales. El programa se centrará en seis de los diecisiete principios, y serán los mismos seis que enseñé durante el programa piloto en la escuela primaria. La gran diferencia aquí es que se requerirá hasta cuatro semanas para aprender cada principio. En cuanto a los planes de estudio, uno formal todavía no existe. Sin embargo, he creado esquemas que incluyen cada uno de los principios, una lista de los conceptos que respaldan cada principio, y los términos y definiciones utilizados para describir cada uno de ellos. Los consejeros van a diseñar a una lista de actividades para hacer la experiencia de aprendizaje más interactivo y divertido. También se va a escribir el plan de estudios y voy a participar en ese proceso. Seré responsable también de enseñar trimestralmente el curso "Lunch & Learn" a los mentores, consejeros, y profesores. El objetivo será hacer frente a cualquier problema que se tenga con el programa, una lluvia de ideas para mejorar, descubrir la manera en que los estudiantes están manejando la información, y cubrir el siguiente principio a impartir.

Napoleón Hill afirmaba, "Su creencia o fe, es el elemento que determina la acción de su mente subconsciente." El subconconsciente traduce un pensamiento impulsado por el miedo a la realidad tan fácilmente como se traduce un pensamiento impulsado por el coraje o la fe en realidad.

"Es un hecho bien conocido", menciona Hill, "que uno llega, finalmente, a creer cualquier cosa que se repite a sí mismo. Si usted llena su mente con el miedo, la duda y la incredulidad en su capacidad para conectar y utilizar las fuerzas de la Inteligencia Infinita, la ley de la autosugestión aceptará este espíritu de incredulidad y lo empleará como modelo mediante el cual su subconsciente lo traducirá a su equivalente físico.

La fe elimina todas las limitaciones. Estoy empezando a sentir el poder que la fe proporciona.

Tuve una idea que estuvo apoyada por un plan de acción. Aunque no dediqué todo mi tiempo a la búsqueda de mi objetivo, estuve dispuesta y abierta a recibir lo que me fue enviado por el Universo. Esa creencia me permitió seguir mi objetivo y acercarme más al cumplimiento de mi propósito. Sin embargo, esta historia está lejos de terminar. Mi recorrido incluye muchos kilómetros aún no cubiertos, pero el viaje ha comenzado y ha comenzado en serio.

En su libro **Piense y Hágase Rico**, Napoleón Hill nos enseña que la *creencia* no es fácil ni se manifiesta de un día para otro. El subconsciente toma las órdenes que le proporciona un espíritu de absoluta fe (*creencia*), y actúa en base a esos pedidos. No obstante, a menudo esas órdenes tienen que ser tomadas una y otra vez, a través de la repetición, antes de ser interpretado por el subconsciente. En mi caso, continuamente estoy repitiéndome mis metas y estoy en continua lucha para *creer* siempre.

El programa extraescolar que se había previsto originalmente estuviera dirigido a los estudiantes de la escuela primaria se enseña ahora a los estudiantes de bachillerato como parte de su horario regular de clases. La clase está limitada a sólo cincuenta y un estudiantes, que incluyen a estudiantes de primer año de recién ingreso, segundo año y estudiantes de secundaria. Este pequeño grupo de estudiantes recibirá entre dos y cuatro años de enseñanza de Napoleón Hill, durante su horario regular de clases, un día por semana para el resto de su carrera dentro de su nivel correspondiente. Además, sus mentores participarán en la formación y en conjunto, varios grupos de Mente Maestra se formarán. Además, otras personas con experiencia en el desarrollo de plan de estudios ahora se abocarán a trabajar conmigo para formalizar el programa que se desarrolla. Vamos a tener el aporte de los estudiantes que reciben la formación y de los mentores apoyando y alentando a sus estudiantes a perseguir sus sueños sin importar sus circunstancias pasadas, actuales o futuras. El programa está financiado en su totalidad y cuenta con el apoyo de dos instituciones educativas dignas de mención. ¡Estamos avanzando en la dirección correcta!

La fe, la *creencia* de confianza en la verdad, es realmente la base para todos los milagros. La *creencia* es mi secreto. ¡Es la fe perseverante y consistente en la acción!

Acerca de Gail Brooks

Gail Brooks es consultora en relaciones públicas de organismos de vivienda pública a nivel nacional. Posee también una compañía de desarrollo de negocios, que se dedica a asistir a personas a establecer sus propios negocios y orientados a generar ingresos secundarios. Gail es instructora certificada por el Centro Mundial de Enseñanza Napoleón Hill y ha sido parte importante en el establecimiento del programa para niños "Obtención del Éxito" de Napoleón Hill. Le puede escribir a gailbrooks1@hotmail.com

El "Secreto" es que ¡No Hay Ningún Secreto!

por
Phil Barlow
White, Georgia

Un viernes por la tarde, hace treinta años, estaba sentado en un aeropuerto esperando un vuelo de conexión. Fue mucho antes de que los teléfonos celulares y computadoras portátiles estuvieran disponibles y para hacer menos pesada la espera disfrutaba el momento observando a la gente. Usted puede aprender mucho de este simple hecho de estar observando a la gente caminando en un aeropuerto. La sonrisa o tristeza en su cara, sus gestos corporales, el ritmo con el que caminan, la forma en que se visten y muchos otros rasgos nos están comunicando algo de estas personas.

Mientras veía a la multitud, mi mirada se detuvo en la mesa que estaba a un lado mío y me di cuenta que sobre ella estaba una copia vieja y desgastada del libro de bolsillo de la obra **Piense y Hágase Rico** de Napoleón Hill. Nunca había oído hablar de este autor ni tampoco de este libro, sin embargo en ese momento de mi vida, yo me encontraba en la búsqueda de respuestas. Era una persona sin motivación y con la esperanza de, que algún día, la oportunidad llegara.

Llámelo suerte, coincidencia o destino. No sé cómo llamarlo; pero de lo que estoy seguro es que haber encontrado y leído este libro de Napoleón Hill cambió mi vida. Esa tarde leí lo suficiente como para darme cuenta de que a partir de eso quise aprender más acerca de este autor y de su filosofía del éxito.

Al día siguiente, al regresar a casa, me compré un ejemplar del libro y lo leí por primera vez. En los años siguientes, he vuelto a leer el libro varias veces y han sido incontables las ocasiones en que he acudido a él para consultar material específico. Considero que es una de las mejores inversiones que he hecho.

Durante mis primeras lecturas invertí una cantidad excesiva de tiempo buscando "El Secreto". Después de todo, el propio Napoleón Hill, afirma en su libro claramente que los lectores tendrán la oportunidad de reconocer el secreto de Carnegie al menos una vez en cada capítulo y que se menciona no menos de cien veces a lo largo del libro. Así que ¿quien era yo para cuestionar al hombre que dedicó más de veinte años de su vida asimilando y organizando el material de referencia de **Piense y Hágase Rico**?

El tiempo pasó y me convertí en un estudiante de la filosofía de Napoleón Hill, y con ello cambió mi perspectiva sobre la idea de un milagroso "secreto". En lugar de buscar la respuesta fuera de mis propios límites, reoriente mis esfuerzos en mis propias observaciones y experiencias y luego las compare con las conclusiones de Hill derivadas de su investigación. Aprender de una filosofía bien documentada puede ser muy valioso y al mismo tiempo es importante reconocer que, de vez en cuando, incluso los más sabios filósofos no han hecho nada más que conjeturar sobre sus conclusiones.

Cuando comencé mi búsqueda de la verdad, o al menos lo que era cierto para mí, presté atención duramente al mundo que me rodeaba. Particularmente enfoqué mi atención en lo que funcionaba y no funcionaba; en los amigos y conocidos a los que les iba bien y a los que no; en aquellos que niños que eran exitosos en los estudios y los deportes y aquellos que se tenían que esforzar demasiado por lograrlo; en las familias amorosas y atentas y en las que eran disfuncionales.

Ya sea, mediante la lectura de las obras de Hill o por medio de mis propias investigaciones personales, constantemente buscaba el elusivo "secreto." Después de treinta años todavía no lo he encontrado. Y aunque no lo he encontrado, sin embargo, me he beneficiado de la excavación y búsqueda. Ha sido casi como buscar oro y encontrar diamantes. No he encontrado el oro, pero he hallado lo que parece ser algo muy valioso y benéfico para mí. Por mucho tiempo la luz del entendimiento ha brillado para mí.

No he encontrado "secretos", sólo las leyes naturales y lecciones simples que con el tiempo han sido probadas y demostradas sin sombra de duda. He construido una vida basada en estas lecciones y he crecido y logrado niveles de éxito más allá de cualquier cosa que podría haber imaginado en mis primeros años.

Quién sabe, quizás esto es exactamente lo que Napoleón Hill tenía en mente cuando propuso a sus lectores y estudiantes que el secreto lo podían encontrar sólo aquellos que estuvieran dispuestos y en su búsqueda. Este enfoque ciertamente produce un motivo... ... ... y un motivo fuerte. Hill fue muy directo cuando dijo que todos los logros individuales son el resultado de un motivo o de una combinación de motivos. ¿Podría ser que todo lo que él quería hacer era crear un motivo y avivar la flama de un intenso deseo en sus lectores?

OK ... eso no era ningún secreto para mí. Había, sin embargo, revelaciones, momentos que revelaban algo. ¿Por qué? ¿Qué lo propició?

Mientras más leía, estudiaba y observaba, noté que habían simples verdades que tenían sentido para mí. Lo primero que me llamó la atención fue la posición de Hill sobre cómo funciona la mente y cómo el poder de la mente es universal, y que este poder está a la disposición desde la persona más humilde hasta la más encumbrada. Y, que la grandeza viene de la capacidad de reconocer el poder de la mente, de abrazarla y utilizarla.

El concepto de que todo el mundo tiene el potencial de aprovechar el poder de la mente resonaba en mí. Cuando repetía la siguiente frase en voz alta y con sentimiento: "Lo que la mente puede concebir y creer, se puede lograr", sentía una energía increíble. Palabras poderosas, muy poderosas: Concebir, Creer, Lograr.

La siguiente cosa que llamó mi atención fue que todo lo que es creado se inicia en la forma de un impulso del pensamiento. Nada puede ser creado sin antes ser concebido primero en el pensamiento. Para mí, eso fue una gran noticia porque aprendí a creer que el poder del pensamiento es la única cosa sobre la que cualquier ser humano ejerce un completo e incuestionable control. Somos las únicas criaturas en la tierra con el poder de la autodeterminación y el derecho a elegir lo que serán nuestros pensamientos y acciones.

También me enteré de que todas las grandes cosas vienen de las ideas. ¿Y de dónde vienen las ideas? ¡De nuestros pensamientos, de nuestra mente, de nuestra imaginación!

Yo racionalizaba mi camino a través de estas verdades acerca de los pensamientos e ideas, y llegué a la conclusión de que todos los logros, todas las riquezas obtenidas, tienen su comienzo en una idea. Estamos donde estamos porque permitimos que pensamientos dominantes ocupen nuestras mentes. ¿Es esto un secreto? No lo creo. Los psicólogos han conocido esta verdad durante mucho tiempo. Siendo así, ¿por qué no hay más gente que conozca acerca de esto? Es una lástima que tantas personas estén a la deriva y en el forcejeo siendo que estas verdades están disponibles para todos.

¿Por qué tantas personas ignoran el poder de sus propias mentes? ¿Por qué ir con la corriente, con lo que venga ..... sea bueno o malo? Es evidente para cualquiera que pueda ver más allá de la punta de su nariz, que una de las mayores tragedias que existen en el mundo de hoy en día es la gran cantidad de gente que está a la deriva, sin rumbo por la vida y sin ningún sentido de dirección en absoluto.

Parece tan simple, pero es la verdad. Tenemos el control total de nuestros pensamientos. Tenemos el poder de elección, sin embargo, muchos optan por vivir una vida de desesperanza.

No tiene por qué ser así. De hecho, no debería ser así. Vivir una vida sin propósito y sin sentido de dirección está en conflicto directo con el diseño de la Naturaleza. La Naturaleza nos da un conjunto de herramientas y nos recompensa a lo grande si los usamos. Pero al mismo tiempo, nos penaliza si no aceptamos y usamos estas herramientas.

La verdad es que no hay tal cosa de RECIBIR ALGO SIN NADA A CAMBIO. El éxito y el logro no se pueden tener sin pagar un precio. Los que intencionalmente no buscan el éxito nunca lo obtendrán a ningún precio.

¡Así es!

¿Acaso eso significa que usted tiene que tomar posesión de su vida? ¿Acaso no hay almuerzos gratis y siempre hay que pagar un precio? Bueno, en realidad puede resultar una posición novedosa, sobre todo teniendo en cuenta la mentalidad prejuiciosa que existe con tanta gente alrededor del mundo. Este fenómeno no es nuevo. Ha sido así desde el principio del tiempo. Algunas personas sobresalen. Otras no lo logran. Algunas personas están dispuestas a hacer un esfuerzo adicional, mientras que otros hacen apenas lo suficiente para sobrevivir. Algunas personas saben de antemano a donde se dirigen. Y otras van a la deriva en la dirección del viento predominante.

En **Piense y Hágase Rico**, Napoleón Hill dijo que "todo logro, toda riqueza obtenida, tienen su comienzo en una idea." Ya he tocado eso. Él continúa diciendo que "si usted está dispuesto, ya posee la mitad de lo que usted necesita entender sobre el poder de su mente y de cómo funcionan los pensamientos." Yo creo que la otra mitad tiene mucho que ver con la razón por la que estamos aquí en este planeta. Creo que estamos aquí para un propósito específico, una razón de ser. Estamos aquí en esta tierra por un tiempo muy corto y es una lástima que tanta gente carezca de un rumbo fijo y anden a la deriva por su vida sin la mínima idea de cuál es su razón de ser.

Lo primero que se tiene que hacer para transformar los

pensamientos en realidad es concebir claramente lo que se desea lograr. Un "propósito definido," algo definido y concreto. Y es bueno saber en dónde estamos antes de saber a dónde nos dirigiremos.

Que historia tan diferente contaríamos de los "indecisos" si tan sólo ellos se preocuparan por adoptar un propósito definido, y aferrarse a él como una verdadera obsesión.

Tanto en mi juventud como en mi etapa adulta yo creía que trabando duro y dando más allá de lo normal en lo que hiciera (recorrer la milla extra), me llevaría hasta donde yo quisiera llegar. Mis padres me educaron bien y en mis primeros años, debido a que estaba dispuesto a trabajar más duro que los demás, pude conseguir un moderado nivel de éxito. Por supuesto, me estaba yendo bien, pero el problema era que no tenía nada definido sobre lo que iba a hacer con mi vida. Simplemente disparaba al aire esperando que algún tiro pegara en el blanco.

Finalmente, la luz iluminó mi camino cuando decidí establecer un Propósito Definido Principal en mi vida, junto con un plan de acción para su consecución, y un ardiente deseo de alcanzarlo.

No es demasiado importante que su plan sea sólidamente confiable. Si no lo es, cámbielo, modifíquelo y rectifique. Es muy importante que tenga bien definido lo que persigue. Su propósito es su razón de ser. No creo que esto sea el *secreto*, sin embargo yo creo que es una verdad fundamental que puede y tiene un efecto "positivo" profundo y duradero en la vida de una persona.

Si lo que desea hacer es correcto, y usted cree en ello, vaya por él ¡con todo el gusto y disposición! Todos los logros, sin importar su naturaleza o finalidad, comienzan con un deseo ardiente e intenso por conseguir algo. Encuentre algo que le encante hacer y ¡hágalo!

Tan pronto como usted haya establecido su Propósito Definido Principal, verá y disfrutará de algún provecho inmediato. Se asombrará de lo increíblemente rápido que estas cosas ocurren. Tener un propósito definido le garantiza que desarrollará su seguridad, iniciativa personal, imaginación, entusiasmo, autodisciplina y concentración de esfuerzos. Todas estas cosas son de vital importancia para el éxito.

Usted desarrollará un nivel de especialización, como no lo había experimentado antes. Se convertirá en experto en el presupuesto de tiempo y dinero. Su mente automáticamente se sintonizará con las oportunidades. Se motivará para actuar con valentía. Desarrollará la capacidad de tomar decisiones. E inspirará a otros a cooperar con usted. Su mente se abrirá y será receptiva a la fe y se obsesionará con el éxito y nunca más con el fracaso.

Esto es un comienzo poderoso, pero es sólo el comienzo.

Cada uno de nosotros somos lo que somos por el tipo de pensamientos dominantes que permitamos que ocupen nuestras mentes. Tenemos el poder de elección. En algún lugar de nuestro cuerpo, posiblemente en las células de nuestro cerebro, duerme la semilla de los logros. Cuando la despierta y la pone en acción, esa semilla lo llevará a alturas insospechadas y mucho más allá de su estado actual.

Piense y Hágase Rico es el libro perfecto para introducir a la gente a las ideas y conceptos desarrollados y resultantes de un extenso trabajo de Napoleón Hill. Es una lectura rápida, sencilla y atractiva y consigue que nuestros jugos creativos fluyan. Sus otros trabajos tal vez fueron demasiado profundos para atraer a las masas. Él creó un fuerte motivo cuando presentó la idea de un "secreto" a encontrar. Sin duda, con ello sembró la duda en nuestras mentes e hizo que la gente deseara buscar y aprender más. **Piense y Hágase Rico** es un trampolín y se puede utilizar como una transición hacia una visión mayor de nuestro interior.

Para aquellos que quieran entender mejor el poder de la mente y la manera de utilizar eficazmente el sistema natural del éxito que existe en todos y cada uno de nosotros, deben comprometerse a estudiar y aprender los 17 principios del éxito descritos en la "Ley del éxito" de Napoleón Hill, o estudiar cualquiera de los programas que ofrece el Centro Mundial de Enseñanza Napoleón Hill. Las respuestas, en mi opinión, no están en el elusivo "secreto". Se pueden encontrar en el material de estudio exhaustivo publicado por Napoleón Hill hace 80 años.

Aprenda a reconocer el poder de su propia mente, abrácelo y utilícelo. Sea perseverante, concentre sus esfuerzos y obsesiónese con su definición de propósito. Si usted está dispuesto a pagar el precio, no hay duda de que ¡muchas cosas buenas obtendrá como resultado!

Acerca de Phil Barlow

Phil Barlow inició su carrera como maestro, administrador y Coach. Por más de tres décadas ha ocupado numerosos cargos en liderazgo, marketing y ventas. Actualmente, es vicepresidente de un consorcio mundial de fabricación de alfombras y también es líder certificado por la Fundación Napoleón Hill. Le puede escribir en: phil.barlow @ shawinc.com

El Éxito es Posible
Comulgando con la Inteligencia Infinita

por
Carlos Quesada
San Jose, Costa Rica

Me casé muy joven, en 1970 a la edad de 22 años. En el año 1974, ya tenía una hija, habíamos perdido un bebé y mi esposa estaba nuevamente embarazada.

Tenía en ese entonces serios problemas financieros, económicos y de otro tipo, incluyendo el hecho de que mi padre había sufrido un derrame cerebral y tuve que hacerme cargo desde ese momento de una empresa de transporte urbano con 5 buses recién adquiridos y garantizados con la casa de mis padres, todo estaba hipotecado y a punto de perderse. A su vez, se sumaba la situación de que mi hermano y mi hermana, menores que yo, aún estaban estudiando, lo cual también enfrenté de lleno.

Decidí, entonces, abandonar los estudios universitarios y hacerle frente a la situación familiar.

Buscando soluciones, un día, en una librería, me encontré de frente con el libro del señor Napoleón Hill "**Piense y Hágase Rico**" (Editorial Bruguera Barcelona España, Cuarta Edición Diciembre 1974, Edición en lengua original Napoleón Hill 1966, Traducción J Piñeira 1972), cuyo título llamó mi atención y decidí adquirirlo.

Debo manifestar que la primera lectura del libro (que aún conservo como un gran tesoro) no surtió efecto alguno en mí (probablemente porque en ese momento no estaba en sintonía).

Pasando por la misma librería, poco tiempo después me encontré otro libro del señor Napoleón Hill, el cual había escrito junto al señor W. Clement Stone, titulado "Actitud Mental Positiva Un Camino Al Éxito". (Editorial Grijalbo, Barcelona, Publicación 1977.)

Combiné la lectura de ambos libros y los estudié a fondo y

como tocado por una varita descubrí el secreto que luego emplearía para tener éxito. Fue como haber recibido un buen golpe mental y psicológico a la vez.

No voy aquí a revelarlo, ya que el secreto es diferente para cada persona, pero sé que aplicando lo explicado por el señor Napoleón Hill en el libro "**Piense y Hágase Rico**" y lo explicado por los señores Hill y Stone en el libro "**Actitud Mental Positiva**" se puede tener éxito en la vida en todos los órdenes: financieros, espirituales, ético, familiares. Además, como lo dice el señor Hill, la persona lo debe descubrir por sí mismo (kilómetro extra). Para que sea más sólida entonces su comprensión.

A partir de entonces y durante estos casi 40 años estos dos libros han estado siempre en la cabecera de mi mesa de noche y los consulto día a día, estudiando un capítulo casi a diario, anotando, marcando y subrayando. Siempre encuentro algo nuevo para usar y aplicar en mis actividades. Es increíble cómo se encuentran cada vez, diferentes combinaciones, para aplicarlas en beneficio individual y colectivo.

Partí hacia delante, de una forma diferente a como creo parten todos los demás, ya que me puse en comunicación con la Inteligencia Infinita para que a través de dicho Ente Abstracto se iluminara el camino y me guiara en la aplicación de los 13 pasos de "Piense y Hágase Rico" y de los 17 principios de "Actitud Mental Positiva Un Camino Al Éxito", empleando el poder de la oración y la fe absoluta.

La aplicación de los 13 pasos y de los 17 principios me permitieron salir de los problemas (¡qué gran bendición tener problemas!) que tenía en esa década de los años 70 y 80.

En el año 1982, sorpresivamente y de forma insospechada y "socarrona", la oportunidad llegó por la puerta trasera, con una oferta de representación de camiones españoles, marca Pegaso para Costa Rica, que nos cambió a todos notablemente la vida a partir de ese momento. Con eso llegaron también viajes constantes a Europa que cambiaron la visión panorámica del mundo y me ampliaron el horizonte.

La aplicación de los 13 pasos, de los 17 principios, basado en la comunicación con la Inteligencia Infinita y siguiendo el esfuerzo del kilómetro extra, me permitió crear seis empresas que le dan trabajo directo a 350 personas, colaboradores en diferentes disciplinas a los cuales acudo para el consejo especializado en reuniones que tenemos regularmente aplicando el principio de la "Mente Maestra", dándoles vida digna a más de 1500, más todas las demás personas de las industrias auxiliares que ayudan a seguir adelante a las empresas.

La aplicación del plan que puse en acción me permitió crear una familia con una esposa que no tiene precio y tres hijas increíbles (ahora hay 4 nietos que son una bendición) que comparten a nivel familiar la filosofía tanto del señor Hill como del señor Stone para seguir creciendo espiritualmente, personalmente, financieramente, éticamente, materialmente.

También cuento con la bendición de que, actualmente, mi padre tiene 94 años y mi madre tiene 84 años de edad, y ambos gozan de excelente salud.

Desde el primer momento puse el plan en acción "Hágalo ahora", al que sí le agregué con respeto a los señores Hill y Stone de "Hágalo ahora, hágalo ya: práctico, lógico y sencillo". La distancia más corta entre dos puntos es la línea recta y apliqué el atajo de la línea recta para llegar más rápido, terminar más rápido y tener efectividad más rápido.

Aplicando el poder de la Inteligencia Infinita con el poder de la oración llegué a diseñar un slogan de automotivación para tener éxito en todos los órdenes de la vida: no sólo con eficiencia y eficacia, sino sobre todo con efectividad.

Se puede tener eficiencia y eficacia y no conseguir nada sin la efectividad; y se puede tener efectividad con poco o ninguna eficiencia y eficacia. Ruego con respeto buscar en el diccionario la palabra efectividad: de dónde viene y cómo la llevamos siempre. No quiero descubrirla aquí. Quiero que cada quien lo haga por sí mismo, mediante el kilómetro extra.

Todo lo debo a que el secreto llegó a mí a través de la parte del libro dedicada a la Inteligencia Infinita, la cual uní con la parte positiva y práctica del señor Stone, aplicando fe, poder de la oración, compartir con los demás, ayudar, servir.

Encontré la llave que cualquier persona puede encontrar a través de estos dos libros, sobre todo **"Piense y Hágase Rico"**, en sus 13 pasos, sabiendo que todo lo que usted logre, es porque usted es la persona más importante y puede conseguir lo que se proponga en la vida, mediante el pensamiento seguido de la acción inmediata, póngase en movimiento inmediatamente y creyendo con fe que:

"Lo que la mente puede concebir y creer lo puede lograr".

Carlos A. Quesada nació en San José, Costa Rica en septiembre de 1947. Actualmente es dueño de empresas dedicadas al servicio de transporte urbano de pasajeros, venta de camiones y maquinaria, venta de repuestos para vehículos automotores, inversiones y actividades financieras.

El secreto al que me refiero se menciona no menos de cien veces en este libro. No se nombra directamente, ya que parece causar más efecto si simplemente se descubre y queda a la vista para que lo recojan aquellos que estén preparados para buscarlo

—Napoleón Hill

Como Dominar la Psicología del Secreto: El Secreto del Secreto

por
Thomas M. Brown, Psy. D.
Orem, Utah

En este capítulo, les presentaré lo que creo que es el *secreto* que Napoleón Hill alude en su libro **Piense y Hágase Rico**. Quiero ir más allá de sólo discutir lo que para mí es el *secreto*. Mi deseo es llevarlo a Usted al ámbito donde prácticamente es aplicable este secreto, a través de instrucciones específicas paso a paso, que he aprendido aplicando modernos procesos tangibles, estrategias secuenciadas, métodos, técnicas y habilidades adquiridas a través de mi formación profesional e investigación personal. También menciono otro material que encontré de utilidad. Además, he incluido el linaje educativo para dar crédito a las gentes de quien he aprendido y sentar las bases contextuales, con la esperanza de promover un mejor entendimiento sobre la que mis conclusiones y las ideas se basan.

Para proporcionar el contexto, a la fecha de agosto de 2010, he estado leyendo libros escritos o inspirados por Napoleón Hill por aproximadamente diez años. Soy psicólogo con licencia de ejercicio profesional en los estados de Utah y Iowa. Vivo en Estados Unidos y ejerzo en Utah. Tengo un doctorado en Psicología (Psi. D.) He estudiado también la forma mediante la cual el sexto sentido se puede activar o desactivar a voluntad y cultivarlo desde las edades tempranas. (Hill dedicó todo un capítulo al estudio del sexto sentido en **Piense y Hágase Rico**).

Siento una profunda alegría al ayudar a los demás, por esa razón cuando diseño seminarios, mi meta es proporcionar a las personas habilidades poderosas, estrategias, métodos, técnicas y procesos que puedan poner en práctica el mismo día en que lo aprenden. Mientras leo y escucho el material del Dr. Hill, pienso en cómo aplicar lo que sé para aumentar mi éxito personal y el de los demás mediante el acceso a este *secreto*. Condensaré mi entrenamiento e investigación en ideas, conceptos y actividades que usted pueda hacer con el objetivo de implementar este secreto.

En primer lugar, yo creo que el secreto es este proceso: "Tomar el control y posesionarse de su propia mente y dirigirla hacia el objetivo de su propia elección" Para hacer esto, uno debe tener los medios con los que controlará su mente y luego mantenerse enfocado en ese objetivo. Uno también debe ser capaz de saber lo que uno quiere y claramente articularlo.

A continuación, examinemos algunos de los métodos de Napoleón Hill para que usted pueda llevar a cabo este proceso antes de examinar otros métodos. En sus obras, Hill describe los motivos básicos y la importancia de asociar lo más posible sus objetivos o Propósito Definido Principal con sus motivos básicos. También menciona en sus obras los estimulantes de la mente. Y habla de cómo eliminando los miedos básicos, se logra que nuestra mente sea más ¡controlable y dirigible!. Ahora, ¿cómo podemos lograr esto? Comencemos por identificar los motivos, los estimulantes y los miedos.

Hill enlista nueve motivos básicos, que incluyen: la esperanza, el amor, la venganza, el sexo, la embriaguez, el instinto de conservación, el miedo, la libertad (de cuerpo y mente), y la vida después de la muerte. Como comentario adicional, creo que esta idea de la vida después de la muerte puede incluir deseos, tales como el deseo de ir al cielo. También creo que esta idea de la vida después de la muerte podría incluir el deseo postmortem de tener una fundación, organización, fondos de educación, o edificios con nuestro nombre.

Los estimulantes de la mente (p. 190) incluyen: el deseo de expresión sexual; el amor; el deseo de fama, el poder, las ganancias financieras, o de dinero; la música; la amistad; la alianza de mente maestra; el sufrimiento mutuo; la autosugestión; el miedo; los narcóticos (por ejemplo, sustancias embriagantes) y el alcohol. Al examinar estos dos listados de motivos básicos y estimulantes de la mente, te puedes dar cuenta que el amor es un elemento que se comparte en ambas listas.

Hill también enlista los miedos básicos (p. 238), incluyendo: la vejez, la enfermedad, la pobreza, la crítica, la pérdida del amor y la muerte. Yo añadiría otros dos a la lista, que creo Hill los alude en algunas de sus obras. Uno de ellos sería el miedo a lo desconocido y el otro, el miedo o temor personal, que creo, todos tenemos. Usted tiene su propio conjunto de miedos que son únicos y propios, con base a sus antecedentes, experiencias, cultura, antecedentes familiares, temperamento, y así sucesivamente. Puede consultar también en la página 250 de la edición de 1937 de **Piense y Hágase Rico**, lo que Hill sugería como un conjunto de soluciones para ¡vencer los miedos!

Ahora, tras haber identificado los motivos básicos, estimulantes de la mente, y los miedos básicos, enfoquémonos a descubrir los métodos que el Dr. Hill recomienda para controlar y dirigir nuestras mentes. Uno de ellos es la autosugestión. Hill menciona en sus obras que simplemente repitiendo una meta u objetivo antes de ir a dormir o al levantarse es una forma de autosugestión. Otra variante sería repetir las metas u objetivos en múltiples ocasiones durante el día. Sin duda la repetición es un método que ayuda definitivamente en el aprendizaje de nuevas habilidades. ¡La repetición ayuda a desarrollar hábitos de pensamiento, comportamiento y sentimiento! Creo que la repetición en sí mismo le dice al subconsciente y / o a la mente inconsciente de que algo es importante. Incluso en la página 57 de la misma edición, Hill menciona que esto también involucra a la memoria.

La sugestión puede ser más influyente cuando se emocionaliza con el amor o la fe. He descubierto tanto profesional como personalmente que añadiendo emoción a los pensamientos y actividades es fundamental para la motivación y el éxito. Hill menciona los pensamientos y objetivos acompañados de emociones con los estimulantes de la mente y los motivos básicos.

En la página 52, Hill escribe: ". Las emociones de la fe, el amor y el sexo son las más poderosas de todas las emociones positivas". En otras áreas, Hill habla de los motivos básicos y sugiere conectarlos tanto como sea posible con nuestras metas u objetivos. El instinto de conservación también se podría agregar a esta lista de motivos susceptibles de conectarse con nuestros objetivos. Después de todo, si usted está convencido de que su vida depende de alcanzar un objetivo, ¿Qué tanta motivación necesitaría para lograrlo más rápidamente?

Hill, dedicó un capítulo entero a la fe. Yo también proporciono métodos para aumentar su fe. La fe en ¿qué? ¡Nos ocuparemos de eso, también!

Hill, nos habla también de la importancia que tiene la imaginación creativa para alcanzar el éxito. Creo que esto también podría ser una forma de autosugestión, como dice en la página 71: "autosugestión es un término que se aplica a todas las sugerencias y los estímulos autoadministrados que llega la mente a través de los cinco sentidos." Aunque la imaginación creativa puede ser un proceso más complicado y más vivo y activo que simplemente repetir una frase para uno mismo, no obstante sigo considerándolo un pensamiento, por razones que espero quede más claro y comprensible a medida que continúe la lectura.

Como otra forma de poder controlar nuestra mente, Hill sugiere a las personas imaginarse a sí mismas y emocionarse como si ya hubieran hecho realidad sus sueños de alcanzar sus metas. Tomando como ejemplo el dinero, nos dice en la página 36: "ver, sentir y creer que ya está en posesión del dinero que anhela poseer".

En una de sus obras, Hill describe una actitud mental positiva (AMP) como una de las riquezas importantes en la vida. Entre más positivo sea, esto puede conducir a un mayor control de su mente y a mantenerse más enfocado en sus metas u objetivos. (En términos del trabajo de Hill, yo pondría a la actitud mental positiva en el ámbito de la interpretación y su concepto de la autoconfianza en el ámbito del significado. Ambos ámbitos se abordarán más adelante en este capítulo.)

Yo creo que el desarrollo del sexto sentido es una parte importante del desarrollo de este secreto para usted. "El sexto sentido es algo que no se puede encender y apagar a voluntad. La capacidad para utilizar este gran poder viene lentamente, a través de la aplicación de otros principios expuestos en este libro. Rara vez una persona entra en el conocimiento práctico del sexto sentido antes de la edad de los cuarenta años. Por lo que a menudo este conocimiento está disponible solo hasta después de los cincuenta, y debido a esto, las fuerzas espirituales, tan estrechamente ligadas al sexto sentido, no maduran ni se vuelven útiles, excepto a través de años de meditación, autoanálisis y seriedad de pensamiento" (p. 225). Si bien esto pudo haber sido cierto en el momento que Hill escribió este manuscrito, creo que ahora es posible entrenarse uno mismo para desarrollar y aplicar el sexto sentido a voluntad. Voy a comentar más adelante en este capítulo la razón por la que este nuevo proceso que aprendí hace del sexto sentido una actividad que puede ser aprendida y aplicada a su antojo, incluso en la edad infantil.

Ahora que hemos ya identificado las zonas y focos para aumentar el control de su mente, nos enfocaremos a ver los métodos específicos que ayudan a la gente a liberarse del miedo y aumentar su deseo y motivación para el logro de comportamientos productivos, constructivos y orientados a alcanzar sus metas.

Creo que también el Dr. Hill menciona otro método en sus obras que ayuda a obtener un mayor control sobre la propia mente. Él presenta métodos mediante los cuales y con la ayuda de su imaginación le permite mantener su mente enfocada en sus objetivos. Creo que él se refiere a un grupo que llama como los 10 guardianes o príncipes, y la lista incluye: el amor, el romance, la esperanza, la fe, la buena salud física, la riqueza material, la paciencia, la sabiduría, y la paz mental. También nos habla de sus encuentros con su consejeros imaginarios, en el que se imagina a sí mismo en una mesa, presidiendo una reunión con aquellos a quienes desea solicitar asesoría y / o emular sus características personales deseadas (ver páginas 218 a 224).

Ahora abordaremos otro método que Hill menciona. Un método para promover sus objetivos o propósito definido principal es la de habituarse a escribir un objetivo antes de ir a dormir. Conozco a un mentor mío, Dave Dobson, Ph.D., que ha recomendado este método y si mi memoria no me traiciona, Hill lo incluye en uno de sus audios de enseñanza. A mi entender, el razonamiento detrás de esto es que el subconsciente de la mente absorbe este propósito y trabaja en él durante el sueño. He encontrado que esto es útil cuando se utiliza con regularidad, y parece ser que favorece el aumento de oportunidades en mi vida.

Ahora, a medida que avancemos más profundamente, me gustaría pedirle que dirija su atención a un punto de vista tal vez más amplio e incluyente del pensamiento con la esperanza de que podamos comprender e intervenir en este proceso. Como resultado de mis estudios y experiencias (tanto personales como profesionales), he concluido que hay muchas características y facetas de este concepto de pensamiento. Tal vez en su nivel más simple, un pensamiento puede ser interpretado como una frase u oración dentro de nuestra mente que consta de un sustantivo y un verbo. Las actitudes o creencias pueden ser conceptualizadas como una serie de pensamientos interconectados o relacionados. Algunas personas son más proclives a pensar más cuando hay más imágenes, fotografías, montajes, o películas en lugar de palabras, frases u oraciones. Sin embargo, yo clasificaría esos elementos visuales como pensamientos. En la página 19, señala Hill que "Los pensamientos son cosas" Él declara: "Nuestros cerebros se magnetizan con los pensamientos dominantes" (p. 29). Aunque es imposible poder preguntarle a Hill, lo que cree que son los "pensamientos" podemos deducir de acuerdo a sus materiales, que podemos cambiar nuestro pensamiento y carácter por medio de la imaginación, la autosugestión y creencias.

Además, nuestros pensamientos pueden ser lo que nos digamos a nosotros mismos y los tonos de voz que empleemos al hacer esto puede influir en nuestros estados emocionales. Esta idea la descubrí como resultado directo de haber estudiado Programación Neurolingüística (PNL), en la que sus creadores abordan submodalidades. (Este tema de PNL se verá más adelante en este capítulo.) Hágase esta pregunta a sí mismo: "¿Cómo voy a hacer esto?" Si lo pensó empleando una voz interior tranquila, confiable y segura, es probable que tenga un sentimiento muy diferente que si usted se hubiera hecho la pregunta con un tono en su voz interior que fuera de pánico, inseguro y sin esperanza. Esta es la manera como el tono y quizás el volumen de nuestra voz interior puede tener un impacto en cómo nos sentimos. Controlando el tono y el volumen de la voz interior es posible su impacto en nuestra autoconfianza y carácter. De hecho, creo poseer esta cualidad de la autoconfianza (Que Hill describió como imprescindible, ver páginas 57 a 58). Por lo tanto, debemos hablarnos a sí mismos con una voz interior que sea confiable y positiva.

¿Qué métodos, estrategias, procesos, técnicas y habilidades se pueden utilizar para cambiar nuestros pensamientos y sentimientos? Yo describo a los sentimientos como la progenie de los pensamientos. El campo de la psicoterapia cognitiva anima a la gente a cambiar su forma de pensar cambiando la forma como se sienten. De hecho, Hill escribe sobre la importancia de "cambiar nuestros propios pensamientos" para ayudar a que uno se sienta más positivo (p. 198). En el campo de la psicoterapia cognitiva, la lista de personas que han desarrollado o ha sido pionera en este sentido son: Jeffrey Young, Ph.D., Albert Ellis, Ph.D., Aaron Beck, MD; Judith Beck, Ph.D., Marsha Linehan, Ph.D., ABPP, y David Burns, MD. Esta lista no es exhaustiva, pero quise dar crédito a todos aquellos de quienes he aprendido. Los libros de estos autores describen procesos específicos por los que uno puede cambiar los pensamientos propios. En lugar de recomendarles algún libro específico de cualquiera de estos autores, les sugiero a que mejor busquen en una tienda de libros (en línea o en una librería física) y decidan por ustedes mismos el material que mejor se adapte a sus necesidades. En lo personal prefiero la lectura de Young, Ellis y Burns sobre este tema.

También creo que hay un proceso por el cual los pensamientos interactúan y se afianzan unos a otros. Recuerdo haber aprendido algo acerca de este hipotético proceso en la universidad, pero no recuerdo en qué clase ni quien lo haya propuesto. Haré mi mejor esfuerzo para explicarle este modelo confiando en que la memoria no me traicione.

Este proceso nos dice cómo una persona puede desarrollar conclusiones (o reacciones emocionales) ante una situación, idea, persona, lugar, cosa o evento en base a una concatenación que inicia en la percepción sensorial y termina en la conclusión (o reacción emocional). El primer proceso de este modelo es la atención. A medida que nos movemos por el mundo, tenemos posibilidades de prestar atención. Podemos prestar atención con nuestros sentidos. Y ser receptivos a ciertos sentidos. Podemos prestar atención a ciertos aspectos de nuestro medio ambiente y a otros no. Luego, dependiendo de lo que nos llame la atención, le damos entrada a la interpretación. La interpretación puede ser la forma de clasificar eso que nos llamó la atención (la entrada sensorial de lo que nos atrajo la atención) y esta entrada de datos puede ser constructiva o destructiva para nuestro bienestar, seguridad, metas, y así sucesivamente. Después de esta interpretación, le podemos asignar un significado a esta interpretación. Este significado que asignamos probablemente se verá influenciado por nuestras ideas acerca de nuestra identidad (lo que pensamos de nosotros mismos), el grado de control (lo que percibimos), y las capacidades (o habilidades). La consecuencia es que incluso si la interpretación es negativa, si tenemos fe en nuestra capacidad para hacer frente, nuestra respuesta emocional (la conclusión) va a ser más positiva que si no tenemos fe en nuestras capacidades.

De hecho, en uno de sus libros, Hill dedicó un capítulo entero al manejo de la atención. (Creo que lo tituló La Concentración.) Nuestro siguiente tema es el desarrollo del sexto sentido como una estrategia para manejar la atención. He aprendido métodos que se aplican en equipos militares de visualización remota. Con este proceso altamente estructurado, aprendí que puedo dirigir mi mente para explorar cualquier tema de mi elección. Descubrir mi trayectoria óptima y la visión remota de objetos o sujetos han sido dos gratificantes proyectos. Me han ayudado en casos de personas desaparecidas. Algunos eligen este proceso de visualización remota para encontrar una vocación o compañeros extraviados. Otros han utilizado esto para responder a las preguntas o misterios de la vida.

Para hacer esto no te desprendes de tu cuerpo ni tienes que cerrar los ojos. Simplemente durante todo el proceso tiene que estar muy alerta, enfocado y lúcido en lo que quiere y está haciendo. Es por eso que uno de mis mentores lo ha llamado estrategia para el manejo de la atención.

Desde el aprendizaje de este proceso, estoy convencido de que el sexto sentido, al que Hill hace referencia en **Piense y Hágase Rico**, es susceptible de cultivarse, controlarse, y enseñarse. Ya no hay necesidad de esperar hasta la edad de los cuarenta. Se acabó la necesidad de esperar a que le proporcione la información a su elección. Ahora, puede dominarlo y hacer que le proporcione la información que necesite. Para ser mentor, asistí a tres de sus talleres: habilidades avanzadas, la piedra angular, y el curso profesional. (Creo que él promovió el curso profesional para solo ofrecerse una sola vez y nunca más volverse a ofrecer

Ahora vamos a dirigir nuestra atención a los métodos por los cuales se han disminuido mis miedos. Estoy convencido de que un cuerpo sano conduce a una mente sana. Al parecer, Hill, creía firmemente en el culto a la salud. "Ninguna persona podrá disfrutar de gran éxito sin una buena salud." (P. 128). He investigado y he concluido por propia experiencia que el ejercicio físico puede ayudar a reducir la ansiedad, mejorar el humor, y generar una sensación de bienestar. La dieta también me ha ayudado. Por ejemplo, cuando uso mi exprimidor, tiendo a sentir una mayor sensación de bienestar. También he descubierto que me es muy útil empezar mi día antes de que salga el sol, así como también pasar tiempo en exteriores, durante unos 30 minutos antes de las 11:00 a la luz natural del sol en contacto directo o indirecto.

Ahora me gustaría dirigir su atención a mi relación con Dave Dobson y sus métodos específicos para influir en nuestras mentes para reducir el miedo y aumentar la autoconfianza, la motivación y el deseo. Fui a su encuentro en su casa en las Islas San Juan. Estudié con él en varias ocasiones y asistí a uno de sus seminarios. Creo en Dobson como uno de los abuelos de la Programación Neurolingüística.

De acuerdo a lo que se sabe, la Programación Neurolingüística (PNL) se inició con Richard Bandler y John Grinder que estudiaron a Milton Erickson, MD; Fritz Perls, MD; y Virginia Satir, Ph. D. que desarrolló ideas y métodos de cambio. Pero según entiendo Bandler y Grinder también estudiaron a Dobson. Por cierto, Dobson me comentó que a menudo la gente le preguntaba: "¿Cuándo había estudiado a las ordenes de Erickson?" Y hasta donde sé, Dobson no estudió con Erickson. Más bien, al parecer ambos desarrollaron métodos similares pero independientes unos de otros.

Si Bandler y Grinder fueron los padres de la PNL, Dobson podría ser considerado como uno de los abuelos de la PNL. Me siento muy honrado de haber estudiado con él cuando estaba vivo. Él me enseñó los métodos que no he visto o leído en otro sitio. He utilizado esos métodos para ayudarme a mí mismo y a otras personas.

Uno de los métodos más útiles que me enseñó fue tener un objetivo, y, desde ese momento, centrarme en ese objetivo. La idea era que ese objetivo, de manera natural, guiara mi comportamiento eficazmente hacia el resultado deseado. Enfocarnos en un objetivo es otro método por el cual se puede tomar el control de la mente. Otro proceso que me ha ayudado a tomar el control de mi mente es a través del CD de Dobson titulado "Beach". He encontrado de mucha ayuda para este fin tanto el CD como el caset. Si se decidiera adquirir este CD, no olvide pedir el folleto que lo acompaña.

Creo que otro proceso importante para ayudar a dirigir la mente a su propia elección es conocer bien las fuerzas que guían y dan forma a nuestras decisiones. A este respecto, con preocupación he visto muchas gentes tratando de complacer y satisfacer a sus padres, sin importar sus propias decisiones. He atendido algunas personas con este problema de complacer a sus padres, viviendo sus vidas con la esperanza de lograr su aprobación. Me siento triste cuando veo a gente mayor de 20 años que aún viven de esta manera. Aún más triste para mí resulta comprobar que hay personas mayores de los 40 con este tipo de indecisiones en su vida y ya con sus padres fallecidos. ¿Por qué, si ya somos maduros de edad y adultos en pleno funcionamiento, aún sentimos que estamos viviendo a la sombra de nuestros padres, y dependiendo de las esperanzas, sueños, y deseos que ellos tengan para nosotros, sin permitirnos tomar nuestras propias decisiones? Esto nos demuestra que sólo es posible apoderarnos de nuestra mente y dirigirla al cumplimiento de nuestros deseos cuando la decisión que tomamos es independiente de la voluntad de aprobación de los demás. (¿Recuerda los miedos básicos a la crítica y pérdida del amor?)

Otro método que he utilizado para integrar las enseñanzas de Hill en mi vida es en el campo de la hipnosis. Algunas personas han llamado a esta práctica "técnica prohibida." Una vez más, yo no inventé este proceso. Lo aprendí en un seminario. Encontré que ayuda cuando dispone de alguien más que le lea las instrucciones y tome notas mientras está usted en un estado mental relajado. También usted puede hacer esto por sí mismo grabando las instrucciones y después reproduciéndolas mientras está usted en un estado relajado y contando con otra grabadora que registre sus respuestas a los objetivos y preguntas.

El proceso básico es el siguiente: siéntese cómodamente. Apague su teléfono. Cierre la puerta. Dígales a las demás personas que estén en su casa que estén callados y quietos y que lo dejen solo.

Ahora, enfóquese en el interior de usted en un sitio donde se sienta seguro. Cuando ya tenga ese lugar en la mente, descríbalo a usted mismo. En ese momento si hay una persona con usted debe comenzar a tomar notas o si está solo empiece a grabarse en voz alta con la ayuda de la grabadora. Luego, cuando esté en ese lugar seguro dentro de usted, enfóquese y concéntrese en un recuerdo que lo haga sentir completamente seguro. Cuando alcance esa sensación real de sentirse seguro, agréguele a ese sentimiento color y forma. Simbolícelo. Eso hará que el sentimiento sea tangible y físico. Ahora describa ¿Cuál es el color y forma de ese sentimiento de seguridad? Repita este proceso con cualquier sentimiento de seguridad, protección, satisfacción, confianza, o cualquier otro tipo de sentimiento que desee experimentar. Por lo general, yo comienzo con los de seguridad y protección porque he notado que cuando la persona tiene estos sentimientos la mente puede estar más libre y tranquila, y la sensación más centrada y relajada.

Ahora, supongamos que usted desea aumentar la conexión de los estímulos de la mente o los motivos básicos con sus metas o su propósito definido principal en la vida. Esta es una actividad que podría hacer con ese objetivo en mente. En primer lugar, elijamos la emoción del amor para conectar más profundamente con nuestra meta u objetivo. Después, recuerde alguna vez en su vida cuando estaba enamorado. Conforme reviva ese sentimiento de amor dentro de usted, tómelo y dele color y forma. Luego, piense en alguna ocasión en que estaba escuchando su canción favorita y también agréguele color y forma (al hacerlo le está asignando a ese sentimiento un símbolo). Puede repetir este proceso con cualquiera de los motivos básicos o estimulantes de la mente que así desee. Incluso puede añadir otras de su elección. Le sugiero enfocarse en emociones y experiencias positivas, como el amor y la música, en vez de recurrir a sentimientos de venganza o intoxicación

Al tener estos símbolos mentalmente, imagínese sosteniéndolos en sus manos mágicamente. Acto seguido, imagine el resultado final de sus metas o propósito definido. Observe cómo se llega a sentir usted cuando agrega sus símbolos al resultado final de sus metas o propósito. Contar con esta imagen de los símbolos (que representan diversos sentimientos) colocados dentro de su resultado final, le ayudará a sentirse más motivado e interesado en mantener su mente enfocada en su meta.

El mismo proceso lo puede utilizar para eliminar miedos. Pero el espacio puede limitar la presentación.

Ahora, me gustaría desafiarlo a que se pregunte a usted mismo: "¿A qué secreto cree USTED que se refería Hill? Esté o no de acuerdo conmigo, lo invito a que explore dos posibilidades. La primera posibilidad es preguntarse cual podría ser este secreto, y comenzar su travesía encontrando respuestas, si opta por preguntar, y esperar orientación. Al hacerlo, aumentará su autoconfianza y más fácilmente encontrará respuestas a su búsqueda en cualquier área de su vida. La segunda posibilidad sería poner en acción las actividades enlistadas dentro de este capítulo de tal modo que pueda beneficiarse de la información.

La edición tomada de referencia es la versión clásica del año de 1937.

Acerca de Thomas Brown

Al 10 de noviembre del 2010, Thomas Brown, es doctor en Psicología y ejerce en Orem, Utah. Es supervisor de la Fundación de Investigación OMNI. Puede llamarle en los Estados Unidos al teléfono (801) 404-2685 o le puede escribir en la dirección: browntm@pacificu.edu. Para llamar de otro país, por favor verifique los requisitos para llamadas internacionales a los Estados Unidos.

Un pensamiento así "magnetizado" con emoción se puede comparar a una semilla que, cuando se siembra en terreno fértil, germina, crece, y se multiplica una y otra vez, hasta que de esa pequeña semilla original se obtienen ¡millones de semillas del mismo tipo!

–Napoleón Hill

Un Toque de Genialidad

por
Michael S. Johnson
Australia

Mayo de 1980. Sydney, Australia. Y con 40 años de edad el Desgarbado Bill padecía los estragos de su mala suerte. Una reciente promoción de su negocio que administraba como hombre orquesta le había dejado sus cuentas bancarias magras y secas. Muy corto de efectivo.

¿Su próxima promoción? ¿Su próximo trabajo? Ni siquiera aparecía en su mente aún. Su último intento de éxito había fracasado, El último había fallado, y aunque se dice que cada fracaso tiene dentro de sí la semilla de un beneficio equivalente... él no podía compartir esa visión tampoco…aún.

¿Acaso la dama de la fortuna ya lo había abandonado?

Durante algunos días así pareció.

Hasta el día que "encontró la fortuna", como dijera más tarde, al adquirir una copia de segunda mano de **Piense y Hágase Rico** de Napoleón Hill por sólo $ 2 dólares en un mercado callejero.

Hasta que el destino le dio un golpecito en el hombro

Hasta que se decidió tocar las estrellas…

Pero no nos adelantemos…….Veamos esta historia paso a paso

El Desgarbado Bill enfáticamente no creía que alguien pudiera **Pensar y Hacerse Rico**.

Le encantaba el titulo, por supuesto. ¿A quién no? Pero su negativa voz interior le decía: *"Seguramente no… no puede ser así de fácil."* ¿*Cómo puede uno* **Pensar y Hacerse Rico**? Si todos pudiéramos hacer esto, no habría suficientes artículos consumibles en el planeta para todos. Con esa limitación de pensamiento, lo leyó desinteresada y rápidamente, con algo de escepticismo. Él estaba de acuerdo con el filósofo en muchas formas: discordaba en otras. Y algunos conceptos sonaban muy místicos para ser reales. ¿Cómo era posible que los pensamientos fueran cosas?

El secreto escondido lo intrigaba. Pero no logró encontrarlo en su primera lectura.

Siguió con su vida. Colocó el libro fuera de la vista en su librero, con la idea despectiva en su mente que: "De todos modos uno no puede hacerse rico con sólo leer un libro"

Una semana más tarde Bill estaba en la bancarrota total, y urgido de nuevas metas para conseguir dinero.

Meditó.

Repentinamente y sin aviso, escuchó la tranquila voz de su interior, a la que a veces prestaba atención, esa misma voz ahora le decía que leyera **Piense y Hágase Rico** una vez más: y así lo hizo. Esta vez con más paciencia mientras reflexionaba sobre lo que estaba leyendo, sin importar que gran parte de la lectura le sonara a fantasía.

El Deseo se agitaba en su interior.

Lo que realmente le fascinó fue la afirmación del autor de que el "secreto" aparecía más de 100 veces en el libro. Que el lector tenía que estar listo para recibirlo antes de que se le mostrara - y la afirmación de que la mitad del secreto ya estaba en la mente del lector.

De pronto se le ocurrió que quizás la frase "estar listo para el secreto" era en realidad el secreto. Pero no...no podia ser así de sencillo. El se sentía "listo" para recibir el secreto pero nada estaba aconteciendo con su vida.

Bill por naturaleza solía ser un gran pensador positivo. Era un hombre a cargo de su propio negocio y vivía de su ingenio. Pero no estaba haciendo fortuna. No era un auténtico empresario, a pesar de que tenía deseos de serlo. Había tenido tantos éxitos como fracasos.

Bill era un hombre tímido que administraba su negocio encargándose de todo: escribía textos publicitarios, y la parte de arte gráfico y secretarial lo pagaba como servicio de mano de obra a un negocio cercano. También desarrollaba estrategias de negocios vendiendo "reportes", "boletines de noticias" y "mini libros" de su propia creación. Era el negocio que amaba y tenía también "clientes" a quienes representaba como agente publicitario, elaborando publicidad para revistas y periódicos. Y por si fuera poco gozaba de una agradable personalidad.

En ocasiones trabajaba de 60 a 70 horas por semana y se preguntaba ¿es suficiente trabajar duro para hacer fortuna? Napoleón Hill afirmaba que no. Este autor dio a entender firmemente que las ideas eran el punto de partida de todos los logros.

Bill ciertamente trabajaba duro pero no lograba hacer fortuna.

Hasta que entendió el libro **Piense y Hágase Rico**, fue que creyó que, en verdad, se puede **Pensar y Hacerse Rico**. Él creía más en el mundo práctico de las pequeñas empresas: el intercambio de servicios y productos por su equivalente de dinero en efectivo... hasta el día increíble que sintió una implosión en su mente y recibió la idea de que actuara de inmediato. Una idea que, sin el uso de los principios de **Piense y Hágase Rico**, hubiera quedado en eso...una simple idea de las muchas que a la gente se le ocurre y nunca lleva a cabo.

El secreto lo intrigaba.

¿Cuál era el secreto que el autor mencionaba? ¿Cuál era esa parte que él ya poseía? ¿De qué manera tener un Propósito Definido Principal que cambiaba lo que él aceptaba como una actual esperanza por toda una realidad futura? Reflexionó sobre el tema durante mucho tiempo y concluyó que realmente no quería cambiar el propósito que de por sí ya tenía. Disfrutaba de su trabajo. Él simplemente lo que quería era que su propósito le redituara más riqueza. "Tal vez", pensó... "Yo tengo la culpa por pensar en pequeño." Tal vez ése era el secreto.

El secreto continuaba intrigando al Desgarbado Bill.

Leía el prólogo del autor una y otra y otra vez.

CITA DEL AUTOR:

En todos los capítulos de este libro menciono el secreto que ha hecho la fortuna de cientos de hombres extraordinariamente ricos..., hombres a quienes he analizado cuidadosamente durante un largo período de años. El secreto llegó a mi conocimiento a través de Andrew Carnegie hace más de medio siglo. El secreto a que me refiero se menciona no menos de cien veces en este libro. No se nombra directamente, ya que parece causar más efecto si simplemente se descubre y queda a la vista para que lo recojan AQUELLOS QUE ESTÁN PREPARADOS PARA BUSCARLO. A eso se debe que el señor Carnegie me lo fuera revelando tan calmosamente y sin indicarme su nombre específico.

Si usted está dispuesto a emplearlo, lo reconocerá por lo menos una vez en cada capítulo. Me gustaría enormemente tener el privilegio de decirle a usted cómo lo conocerá si se halla dispuesto a recibirlo bien, pero ello le privaría de gran parte de los beneficios que obtendrá cuando haga el descubrimiento por su propia cuenta. ¡No existe otra cosa semejante a dar algo por nada! El secreto a que me refiero no puede adquirirse sin un precio aun cuando éste sea muy inferior a su valor. No podrá adquirirse a ningún precio por aquellos que no lo busquen intencionadamente. No puede regalarse ni tampoco puede comprarse con dinero, por la sencilla razón de que está formado de dos partes. Y una de ellas ya se halla en posesión de quienes están dispuestos a obtenerlo

FIN DE LA CITA

Oh, ¡de que manera estas palabras intrigaban al Desgarbado Bill! Las leía una y otra vez completamente fascinado.

¿Cuál era el secreto?

¿Cómo está eso de que viene en dos partes?

¿Cómo sabe uno cuando ya está preparado?

¿Por qué no se podía comprar si 500 exitosos millonarios ya lo sabían y lo utilizaban?

¿Por qué el autor decía mencionarlo hasta 100 veces y él aún no podía encontrarlo?

¿Fue acaso sólo una broma editorial para ganar más?

Bill no tenía las respuestas.

Se tomó dos días libres de su trabajo y se puso a leer, absorber y asimilar los principios de Napoleón Hill. Tratando de encontrar el secreto de una vez por todas. Y no lo logró.

O al menos eso pensó.

Al tercer día de la lectura del libro **Piense y Hágase Rico**, su voz interior le dijo:

"Inténtalo Bill. Quizás realmente es verdad. Tal vez puedas **Pensar y Hacerte Rico.** Tal vez el primer paso sea tener un Propósito Definido Principal. Inténtalo. Y si te equivocas, no tienes nada que perder. ¿Pero qué tal si es verdad?"

Bill escuchó la voz interior y, en su diario de trabajo escribió su primer Propósito Definido.

QUIERO GANAR MEDIO MILLÓN DE DÓLARES EN UN SOLO MES, Y LUEGO MUDARME A COSTA DE ORO A COMENZAR UNA NUEVA VIDA.

Y no se aguantó la risa ante la idea. Sobre todo, ante la idea de que pudiera lograrlo en un solo mes. En 1980, medio millón de dólares era mucho dinero

¿Lo estaría escuchando el Universo? O ¿se estaba riendo junto con él ante la magnitud de la idea? Bill no lo sabía. Pero el libro le decía que tenía que *"empezar ahora, estuviera o no preparado aún"*, así que comenzó esa misma noche por los "6 pasos" descritos por Napoleón Hill.

En su juventud el Desgarbado Bill había viajado por el mundo varias veces, como oficial de radio en un buque, antes de decidirse, ya entrado en los 30 años, que podría haber una mejor vida en tierra. Las oportunidades de empleo lo llevaron desde ser técnico de radio hasta empleos como vendedor, inversionista de mercados, y hasta apostador profesional en donde sus habilidades en las matemáticas le daban una ventaja excelente sobre los demás.

Con el tiempo, trabajó como autor creativo y publicista que finalmente fue el empleo al que se adaptó mejor.

En 1980, era inmensamente popular en Australia un concurso de televisión, donde se podía ganar más de un millón de dólares. Para ganarlo, el concursante tenía que tener éxito varias noches seguidas en una competencia que era muy disputada, y el gran premio sólo se realizaba dos veces al año.

Justo por esos tiempos, un muy apuesto competidor europeo, de nombre Pierre, se presentó en abril en el concurso, con su acento francés seductor, y encantadora sonrisa que derretía a las damas allí presentes, llevándose el premio de 1 millón de dólares. Millones de espectadores vieron la final y Pierre se había convertido en toda una celebridad instantánea. Pierre también era un astuto hombre de negocios.

Bill, en ese entonces, estaba más ocupado en su trabajo enviando propaganda por correo, lo que rara vez funcionaba como él esperaba, porque en ese entonces en Australia los destinatarios elegidos al azar no garantizaban ser potenciales compradores por correo. Sin embargo, este tipo de trabajo le permitía desarrollar nuevas habilidades como redactor de publicidad.

Cierto día recibió Bill una llamada de uno de los "Agentes de listas de correos" que comercializaban estas listas de bases de datos de clientes, que el procesaba y les enviaba promoción de productos. La persona en cuestión le dijo que debido al éxito obtenido en el concurso de televisión, el empresario Pierre estaba aprovechando su nueva fama y vendía a través de periódicos y revistas, gran cantidad de ejemplares de su libro "Cómo desarrollé mi propio ciclo de la suerte para ganar un millón de dólares." Sus publicistas levantaban pedidos por correo y cobraban solamente $ 20 dólares por el libro y literalmente su venta era de locura. Las ventas superaron las 100,000 copias en 6 semanas y el agente le comentó a Bill que la lista de todos estos compradores estaba disponible en la agencia.

Resultó que a uno de los clientes de ese agente, es a quien se le había ocurrido convencer a Pierre de la idea de escribir el libro y él – como su promotor – convirtió esta idea en un libro que había generado 2 millones de dólares, más del doble de lo que Pierre había hecho en el programa de televisión. Ahora los nombres de todos los compradores estaban en venta. "No es una mala idea", pensó Bill cuando se enteró de ello. "Ojalá que se me hubiera ocurrido eso."

¿Acaso estaba la oportunidad tocando a la puerta de Bill?

Bill sabía que la lista era oro molido, pero él no tenía ningún producto adecuado a explotar. Tampoco tenía dinero para una promoción. Sin embargo, sabía que las personas que habían comprado un producto como el "Ciclo de la Suerte" era muy probable que compraran otro libro de naturaleza similar. El pedido mínimo de la lista de nombres era de 5,000 y la lista estaba disponible para quien lo quisiera adquirir. Para aprovechar las ventajas de esta nueva lista, Bill sabía que tendría que llegar temprano antes de que otros compradores comenzaran a bombardear de ofertas tras ofertas a los potenciales clientes allí incluidos, lo que era susceptible de ocurrir en los meses siguientes. Normalmente, Bill lo hubiera intentado con 5,000 nombres...así que imaginen su sorpresa cuando escuchó del agente su respuesta:

"¿Ya se vendió la lista?

"!No!"

"OK. ¿Cuanto cuesta?"

"$20,000 dólares" contestó el agente.

"Lo compraré" respondió Bill, asombrado de su propia temeridad.

Sin imaginar siquiera de dónde saldría el dinero, ni el producto a vender, Bill fue tentado por la idea de comercializar toda la lista, que era de 100,000 personas. Se le ocurrió instantáneamente la idea de vender un producto a $500, sin precedentes en ese momento. Y lo increíble, ¡un producto que no tenía!

Lo que tenía era la idea nada más.

Por supuesto, se avecinaban serios problemas. La falta de dinero. La falta de un producto. La falta de habilidades para hacer una promoción de esa magnitud. La falta de una historia que contar. Y nadie le había ofrecido un libro por $ 500 antes. ¡Oh! ¡Oh! las dudas de la incredulidad del proyecto casi derribó su intuición. "Lo compraré" y de inmediato las adversidades comenzaron a bailar ante sus ojos.

Pero Bill hizo caso omiso de ellas. Recordó lo que Napoleón Hill decía: "Cuando las riquezas empiezan a venir, llegan tan rápidamente y con abundancia tal, que uno se pregunta dónde han estado escondidas todos estos años de vacas flacas".

No sonaba como si fuera el secreto, sino más bien cómo algo que sucedía después de haberlo hallado.

Se topó con esa cita inspiradora y volvió a la labor de hacer números, haciendo pausas para visualizar las riquezas que ya veía llegar en abundancia.

Comprar la lista $ 20.000. Los costos de impresión $ 75.000. Gastos de envío $ 45.000. Eran los 3 grandes gastos a realizar. Los costos adicionales de inserciones e ilustraciones (no los sabía y eran para checar aún).....Costos de proceso y producto (no los sabía y eran para checar aún).... Costo de diseño gráfico (no los sabía y eran para checar aún). Redacción de alta calidad (cotizado en 6,000 dólares). ¡Pero qué diablos!, pensó a sí mismo, eso lo puedo hacer yo por mi cuenta y me ahorro ese dinero.

"Quizás con 180.000 dólares cubriré todo", calculó Bill.

Ahora a enfrentar la realidad. Bill no tenía ni un producto ni dinero en el banco.... dos situaciones desafiantes que harían retroceder hasta el hombre más osado. Pero Bill se sorprendió de sí mismo cuando a la mañana siguiente telefoneó al agente para autorizar el cargo por 20,000 dólares a su tarjeta de crédito por la compra de la lista completa de 100,000 nombres. **Él había dado el primer paso...estuviera o no preparado**. Se había comprometido. Ahora tenía una deuda de $ 20.000 dólares contra un activo de 100.000 nombres de potenciales compradores. Sin darse cuenta, su **Propósito Definido** estaba llegando a su vida.

Quizás el primer paso fue la acción. ¿Acaso ese sería el secreto? Sin saber por qué se sintió inspirado.

Su primera llamada fue a un negocio de envíos masivos que se harían cargo de toda la preparación e inserciones. Respondieron que harían el trabajo pero no sin antes se les depositara 50,000 dólares, que incluía gastos de envío, antes de su entrega en el centro de correos. Aclarando que sin depósito, no había trabajo.

Repentinamente, Bill bajo de su nube ante la idea de que tal vez estaba siendo un soñador. Tenía una buena idea, a la que le había invertido $ 20.000 dólares financiados con sus tarjetas de crédito, pero no tenía dinero para el seguimiento y ni siquiera para el producto. ¿Y qué tal si los impresores no le dieran crédito? De nuevo los pensamientos negativos comenzaron a contaminar su imaginación.

Todo lo que él tenía era una idea, una deuda y un Propósito Definido.

Arrojó despectivamente a un lado los aspectos negativos, recordando la historia del general que llegó a costas extranjeras, con un puñado de soldados. El general envió a sus hombres a tierra para luchar contra un enemigo que les superaban en número de 5 a 1. El general, un gran hombre de acción, rápidamente prendió fuego a sus barcos y con éstos en llamas, les dijo a sus soldados asombrados y superados en número.... "Este es el punto de no retorno.... Ganamos o morimos...."

Los registros históricos afirman que ganaron.

"! Qué diablos!" pensó Bill. "Mis botes ya están quemados. Vamos hacia adelante y hagamos la promoción."

Al hacerlo subió otro peldaño de la escalera.

¡Que gran decisión! Bien hecho, Bill. Has llegado al punto de no retorno y sigues avanzando.

Aún estaba corto de dinero, con $50,000 dólares para ser precisos, para tener las cosas bajo control. El crédito estaba bien pero necesitaba la garantía de dinero de efectivo para la confirmación inmediata de todo. No podía continuar sin contar con esos $ 50,000 extras

Así que decidió telefonear a su amigable gerente del banco, para concertar una cita más tarde ese mismo día. La entrevista se desarrolló más o menos así:

"Ronald necesito $50,000 dólares para una promoción."

"OK Bill, para cuanto tiempo lo quieres?"

"A un mes estaría bien..."

"Cuenta con ello. Abonaremos el dinero a tu cuenta para mañana en la mañana, y a la tasa de interés estándar por sobregiro."

"Gracias Ronald."

Bill salió del banco en menos de 4 minutos con $50,000.

Al siguiente día el depósito estaba en su cuenta.

Había dado un paso más para subir en la escalera del éxito. Utilizando el dinero de otros.

¿Difícil de creer? No. En 1980 los bancos prestaban fácilmente esas cantidades.

Era de miedo, pero esta fue la primera estrategia empresarial de Bill, y él sabía que había algo más que "sólo dinero" - real, prestado o de papel.

Semanas más tarde, cuando todo el proyecto terminó, Bill llevó al gerente del banco a comer y le preguntó: "*Ronald, ¿por qué me autorizaron los $ 50.000 que me prestaron sin tantos trámites?*

El gerente sonrió y dijo: "*Por la mirada en tus ojos.* Vi que estabas decidido a obtener el dinero en alguna parte, de alguna manera, así que te lo prestamos. Sentí que estaba enfocado en algo grande y me di cuenta que el dinero era sólo una parte de ello. Confiaba en que sabrías cumplir con tu compromiso".

Bill no tenía una carta de ventas. Tampoco tenía un producto. Decidió escribir primero la carta y por lo menos ya tenía nombre para el producto.

Lo llamo "Un Toque de Genialidad"

Sabia decisión. Había escalado un peldaño más en la escalera del éxito.

Por supuesto, el toque de genialidad vino del propio Bill. Por primera vez en mucho tiempo él tenía un Propósito Definido Principal. Quería hacer medio millón de dólares en un mes y mudarse a un nuevo estado para vivir - y para ello tenía que encontrar o crear un producto por el que pudiera pedir por unidad $ 500 dólares - y tenía también que escribir una carta lo suficientemente brillante como para vender suficientes productos y poder pagar todos esos gastos que rápidamente crecían y que tendrían que dejarle una ganancia. Haciendo números se dio cuenta que tenía que vender 400 ejemplares de "Un Toque de Genialidad" para apenas salir a mano. Según sus cifras eso representaba únicamente .4 de 1% de los 100,000.

Bill tuvo la pasión de hacerlo.

Había escalado otro peldaño más de la escalera.

Literalmente, las llamas del entusiasmo lo consumían. Sentía en su interior un fuego abrazador que no disminuía. En ningún momento se había detenido a pensar en lo negativo o en imposibilidades de su proyecto. Nunca consideró la más mínima posibilidad de fracaso. No pensó siquiera que quizás nadie le compraría el libro por $500.00 ni que quizás nadie se atreviera comprar un libro por ese costo a un completo desconocido que lo recomendaba.

Empezó a escribir y no paró durante cuatro días completos. Escribió. Editó. Corrigió. Miró. Mejoró. Y escribió de nuevo. Su objetivo era generar en el corazón de sus lectores un ardiente deseo por enviarle a Bill gustosamente sus $ 500 dólares. Tenía que motivar en ellos el deseo de tener el libro más que de conservar su dinero en sus carteras. La carta de Bill tenía que ser el medio por el que pudiera transmitir a los lectores sus sueños sin tener que sonar como si fuera un esquema de hacerse rico de la noche a la mañana.

Bill quería que sus lectores comprendieran las ventajas que representaba poseer "Un Toque de Genialidad": beneficios... beneficios... beneficios y más beneficios. Cada nuevo beneficio le daba a él un nuevo punto a realizar en su libro aún por escribirse. Fue tan sorprendente que, después de una semana, él simplemente tomó su carta de publicidad y escribió los beneficios en el producto, fácilmente, sin esfuerzo, casi automáticamente. El libro se escribió así mismo para ajustarse a la carta de publicidad.

En el momento en que terminó su carta de ventas, ésta era de 15 páginas y de inmediato la envió a la tienda de distribución local y servicio de mecanografiado para su terminado final. Consideró también que sería conveniente reducir el volumen para economizar costos de impresión sin embargo su voz interior le recomendaba: ""No hagas eso Bill... así como lo dejaste está bien."

¿Será que la gente leerá una carta tan larga? Y su voz interior le dijo que si lo harían. ¿Acaso esa voz interior era el secreto? Pero él no había leído nada con respecto a eso en el libro.

Lo que acababa de hacer fue subir otro peldaño en la escalera...

Antes que la copia final quedara lista, Bill se lo mostró a dos amigos cercanos. Les pidió que leyeran la carta de ventas y que le dijeran si estaba bien. **Les gustara o no.** ¿Le entenderían exactamente lo que se ofrecía y como obtenerlo? Los dos estaban seguros que la carta era clara y la copia era buena. Uno de ellos quiso comprarlo y se sorprendió cuando Bill le dijo: "Oh, la verdad aún no escribo el libro todavía.... Es sólo el bosquejo del proyecto porque primero debo asegurar un mercado de gente que esté dispuesto a comprarlo.... Por ahora tengo la carta para enviarla a los clientes potenciales... y, finalmente, cumpliré mi parte del trato enviándoles ya el producto."

"¿Pero no deberías primero tener el producto y luego buscar los compradores?"

"Quizás..." Pensó Bill... "Tal vez..." procurando que nada ni nadie lo distrajera de su atención enfocada a los detalles mientras fuera avanzando en el logro de su propósito definido.

Echemos un vistazo ahora a la copia de Bill.

Bill escribió *Un Toque de Genialidad* como algo Único, Nuevo, Científicamente Probado de ser muy Práctico, Sensitivo y Realista. Una Herramienta del hombre para pensar y generar múltiples flujos de ingresos, sin importar la experiencia y antecedentes de la persona.

Bill se comprometió a revelar todas las formas que él conocía para obtener una ventaja personal en los mercados de juegos de azar

Para lo cual llevaba a los lectores de la mano a través de un sistema paso a paso para obtener ganancias de un 75%, como resultado de sus años de experiencia en las carreras en sus días como jugador profesional. Y asimismo revelaba secretos para jugar de una manera segura en los mercados de valores, en donde de cada 4 negociaciones por año 3 resultaban exitosas. Y hablaba elogiosamente de la ley de expansión que le permitía a los lectores moverse de un producto a otro, acumulando ganancias mediante la especulación a través de jugar científicamente.

Bill les mandaba a sus lectores apasionadamente los siguientes mensajes:

Hoy realmente es el primer día del resto de tu vida.

Hoy es tu día de suerte.

Hoy es el día que la fortuna te sonríe.

Hoy debe ser tu día de entrar en acción.

Hoy es tu magia "Hazlo ahora."

Hoy es el día en que usted comienza a tomar medidas para convertir sus ideas, sus planes, su derecho de nacimiento al éxito, su creatividad, en su futuro promisorio... mediante el uso de las fórmulas mágicas que describo en mi libro **Un Toque de Genialidad**.

¡Hoy es el día de tener el poder a sus pies con solo tener en sus manos este nuevo y excitante libro que cambiará su vida. Un manual que develará completamente todos los antiguos y misteriosos mitos del éxito y le revelará de qué modo usted – especialmente usted – puede convertirse en un ganador constante, de manera total y permanente!

Además de estas motivaciones a la acción, el tenía que emocionar a sus lectores, por lo que les contó la historia de cómo recibió esta gran idea.

¡TOMÉ UN BAÑO!

Hace unos años, durante uno de los periodos financieros más desesperantes de mi vida, pasé todo un día tratando de encontrar maneras de hacer dinero.

Me "senté" y me puse a "pensar" en busca de ideas. Quizás a esto le llames meditar.

Después de horas de hacer esto, me di por vencido y ya agotado, decidí tomar un baño. ¡Ese fue el más grandioso baño que haya tomado en mi vida! Mientras yacía allí, tratando de relajarme lejos de mis problemas y preocupaciones, de repente recibí una revelación. Lo llamaría simplemente un "milagro", un regalo del conocimiento, del universo, y vinculado en formas desconocidas con mi subconsciente. Y ¡por supuesto! ese "milagro", fue la base de *Un Toque de Genialidad* - ¡el mayor descubrimiento creativo de hacer dinero en este siglo **para mí**! Una idea para generar riquezas y totalmente disponible **para usted** en

"UN TOQUE DE GENIALIDAD"

Bill también relataba unas cuantas historias que mostraban cómo los grandes hombres también pueden cometer errores, mientras que el hombre común de la calle – en este caso un barbero – puede ser inteligente y exitoso.

¿Las malas experiencias pasadas influyen en la dirección de su futuro? Muchas personas son tan emocionales de sus experiencias pasadas que no las dejan ir, permitiendo que sean factores que influyen en su presente y futuro.

Déjelos ir

Mark Twain, un famoso escritor estadounidense del siglo 19, pese a su fama era un hombre sencillo del pueblo. Cierta noche mientras estaba sentado en su terraza tomando una cerveza con su vecino, que también era su barbero. Pasó un vendedor elegantemente vestido y lo invitaron a que se sentara con ellos y se integrara al grupo para que les mostrara lo que vendía.

El vendedor se esforzaba explicándoles que él representaba a una empresa comercial, que comercializaba acciones de un producto nuevo en el mercado. Un nuevo invento que iba a tomar al mundo por sorpresa, y que convertiría en ricas a miles de personas, y en millonarias a quienes estuvieran dispuestas a invertir en acciones de este nuevo negocio.

Un enojado Mark Twain decidió correr al vendedor de su terraza.

"¡Fuera de aquí. Ya me han sorprendido antes con estos

absurdos y dementes planes de compras de acciones. ¿Tan sólo el año pasado compré un montón de acciones de una nueva empresa y a los pocos meses la compañía duplicó sus ganancias mientras yo perdí todo mi dinero"

"Nunca más compraré acciones."

El vendedor lleno de vergüenza se retiró y el barbero optó por escoltarlo hasta la salida. Sin embargo, el barbero, que no tenía ninguna experiencia en cuanto al negocio de acciones, se mostró muy interesado en lo que había oído, e invitó al vendedor a su casa, que quedaba a un lado, donde nuevamente escuchó la historia.

El barbero decidió comprar acciones e hizo millones.

¡Y Mark Twain no pudo lograrlo!

La respuesta estaba en que aunque la compañía en verdad estaba vendiendo una brillante nueva invención, la mala experiencia por la que pasó Mark influyó en que no captara adecuadamente la explicación del vendedor.

El famoso Mark Twain permitió que las emociones de una mala experiencia del pasado influyeran en su presente y en una decisión que podría afectar su futuro.

El tiempo probó lo equivocado que estaba.

¡No haga esto! No deje que su pasado personal influya en sus emociones ni en sus decisiones de hoy. Evalúe sobre el presente y aprenda a influir en su propio futuro, ¡ahora, hoy mismo!

Bien sabe que si las malas experiencias del pasado tuvieran influencia y actuaran en la gente, nadie se casaría dos veces. ¡La vida no es así! Somos humanos, somos románticos, somos soñadores emocionales, somos ambiciosos, somos optimistas, creemos que "esta vez será mejor", y la gente se casa otra vez y otra y otra y otra vez, siempre creyendo que la nueva experiencia será mejor que la anterior.

Y así es.

La invención en la que Mark Twain se negó a invertir y en la que su barbero si lo hizo, resultó ser el teléfono de Graham Bell. Bell Telephone uno de los más grandes inventos de todos los tiempos.

Bill continuaba con otra serie de mensajes motivacionales acompañados de pequeñas historias.

Como por ejemplo, la historia del hombre imaginario que le escribiera a Bill una carta de agradecimiento:

CITA
Bill:
Durante años he tenido el sueño de mudarme del área en que vivo. Una zona llena de gente desempleada y ladrones. No me pregunte cómo llegué aquí. Esa es otra larga historia.

Ya se imaginará Bill, tengo que hasta ponerle candado a la manguera del jardín o corro el riesgo que se la roben, lo que incluso sucede aún estando en casa. A mis hijos les han ponchado sus bicicletas, me robaron un coche viejo, y el año pasado entraron a robar tres veces y estoy desesperado por encontrar una manera de salir de esta problemática. Y vivir en un barrio mejor.

Todo lo que quería es justo lo que describe como un "pasaporte al éxito" y por eso le doy las gracias desde el fondo de mi corazón, por lo que logré gracias a su increíble *Un Toque de Genialidad*. Lo necesitaba desesperadamente. No podía adquirirlo, pero después de leer su carta me esforcé y me obligué a comprarlo. Y doy gracias al Señor por este don que está cambiando mi vida cada día que vivo... Gracias Bill. Eres un hombre maravilloso.
FIN DE LA CITA

Se puede ver allí una pequeña y creativa "licencia de autor", un toque de mayor libertad para escribir creativamente que la que se ve hoy en día. Pero el hombre desesperado era realmente Bill. Sus barcos estaban ardiendo. Ya había pasado el punto de no retorno. Y tenía que triunfar o morir

Bill continuaba su sorprendente carta:
Usted sabe que yo realmente quiero compartir *Un Toque de Genialidad* con usted.
Es su plan maestro no el mío.
Soy únicamente un humilde recolector de información valiosa. Y también deseo compartir con usted esta información. Para que descubra la forma de volverse rico.
Y para que usted también lo logre.
Usted y su familia no pueden pasar por alto la oportunidad de cambiar su vida por algo mejor.

Se lo debe a usted mismo para tener una nueva fuente de ingresos.

¿Se imagina hasta dónde puede llegar en el futuro teniendo en sus manos este exitoso plan de hacer dinero?

¿Se imagina un plan que le permita hacer dinero en Primavera, Verano, Otoño e Invierno.

¡Esta genialidad está totalmente a su alcance! ¡Solo usted puede lograrlo! Nadie más. Solo usted.

Así es. Bill desbordaba su pasión ardiente en la carta de promoción preguntando a los lectores:

¿Alguna vez se ha preguntado cómo le hace la gente para volverse rica de la noche a la mañana?

¿Acaso la gente fue más bendecida con más talento y personalidad que usted?

¿Cómo le hacen aquellos que obtienen promociones de empleo sin merecerlo?

¿Por qué algunas gentes son más felices y afortunadas que otras?

¿O, por qué nacieron en el lujo y riqueza inmerecida?

Bueno, yo estoy diciendo las cosas como son en este momento cuando afirmo que usted puede unirse a este grupo de gente exitosa independientemente de su edad, sexo, personalidad, educación, o fracasos del pasado o del presente. .

LO QUE NECESITA ES UN PLAN. Comenzar hoy y su plan es *Un Toque de Genialidad.*

En realidad, es más sencillo de lo que se puedas imaginar. Usted puede tener todo lo que siempre quiso y de forma rápida, fácil, y sin esfuerzo, una vez que tenga este plan en sus manos. Y trabajar sobre ese plan.

Y entonces BILL enfría el fuego un poco:

Mire, yo no le estoy prometiendo un boleto por la ruta fácil. Usted todavía tiene que trabajar un poco y tomar sencillas e inteligentes decisiones.

No estoy sugiriendo que esto sea todo lo que necesite saber para ser todo un éxito en la vida.

Tampoco le estoy diciendo que esta sea el arma secreta de los magnates. Ni que se trate de una licencia para imprimir dinero. Ni que lo convertirá en la persona más rica del vecindario.

Lo que estoy diciendo, y espero que lo esté diciendo claramente, es que ¡el plan funciona! Trabajará para usted, y le hará ganar buen dinero, si es que está usted preparado para trabajarlo con sensatez.

Así que no pierda un minuto más. Siga leyendo y pronto le mostraré cómo obtener su copia de esta versión de edición limitada de *Un Toque de Genialidad.*

Como conclusión Bill les recuerda a sus lectores que: Las batallas de la vida no siempre las gana el hombre más fuerte o más rápido sino más bien las gana el hombre que cree que lo puede ganar.

Bill no lo podía creer cuando, una semana más tarde, estaba pagando su deuda de $ 50.000 a la casa de reenvío y quedó asombrado al ver el tamaño de los dos camiones apilados de correo listos para ser trasladados a la oficina postal. Y no podía creer que todo esto provenía de una idea simple. Una idea que aún no se había demostrado.

Por supuesto, había más costos. Su carta terminó un 50% más grande que sus planes originales, pero aún así no quiso hacerla más pequeña. Su intuición, su voz interior le había dicho que no. La carta estaba bien. El estilo gramatical de Bill para dirigirse a la gente era sencillo. No sonaba muy elegante. Pero surgían costos mayores de impresión. La casa de reenvío le dijo que había 3.000 nombres para Nueva Zelanda en la lista de 100.000 y que eso le costaría un extra de $ 3,000 dólares. La voz interior, le dijo que estaba bien también. Y además un pequeño "truco" que había aprendido en un seminario de agregar un relleno de color azul brillante en su correo representó un costo adicional. También decidió añadir un formulario de pedido de un color diferente – adicional al que ya incluía en la última página. Con la intención de motivar más a la gente a comprar. Otra vez escuchó a su intuición. Un sobre de respuesta se añadió y un amigo suyo, que era diseñador gráfico, creó un nuevo membrete de negocios, especialmente para este producto. E incluyó un diseño de letras inteligentes para resaltar la presentación. Lo que representaba más costo, pero más potencial de que a la gente se le facilitara hacer sus pedidos.

Escuchó a su subconsciente. ¿Sería ese el secreto?

Sus deudas ascendían a más de $ 180,000 o $ 1.80 por cada sobre enviado por correo. Tenía que hacer números para volver al punto de equilibrio: 360 x $ 500 más un poco más de interés y los costos de producción. Sus números iníciales le habían indicado las cifras de 0.4 del 1% y por lo tanto aún estaba dentro de lo estimado. Su planificación organizada demostraba ser correcta.

Por último Bill estimó la fecha en que el correo se enviaría y decidió incluir una posdata de que la oferta expiraba 14 días después de esa fecha. Esa era la inserción que incluyo de color azul brillante. Con eso se garantizaba cada lector conocería la fecha en que expiraría la oferta. Estaba Bill en la posición del punto de no retorno y sus barcos en llamas.

Esta era su motivación final a la acción. Ya estaba comprometido. Finalmente terminó la copia. Había quedado como una simple carta amistosa de un amigo a otro. Bill lo llevó a su impresora.

Un Toque de Genialidad – el libro

Bill ahora se dedicó a canalizar todas sus emociones en la producción de un Manual A4 de fina calidad. Escribió durante 12 horas diariamente durante 6 días. Aunque el cansancio lo vencía, por fin lo terminó. Había puesto en el libro toda la técnica y experiencia que había capitalizado con los años. Como referencia, en aquellos días no había computadoras, así que todo lo que tenía eran sus propias experiencias de vida.

Bill mandó a mecanografiar profesionalmente el trabajo y ordenó 1000 copias. Fueron otros $ 10.000 dólares. El libro tenía una cubierta de cuero con imitación piel. Otros $ 6,000 dólares.

Tres días después de enviado el correo había 4 respuestas. 40 fueron al día siguiente, luego toda una inundación de respuestas en las siguientes dos semanas. 1,247 pedidos en total. Nadie superaba en lo feliz a Bill cuando liquidó su adeudo al impresor y de inmediato ordenó una segunda edición de su libro. Y le pagó al banco. Y a toda la gente que le ayudó en el diseño y mecanografiado de la obra.

De los 1,247 compradores sólo 4 personas solicitaron la devolución de su dinero, algo que no había sido considerado ni previsto. De inmediato se hizo la devolución. Bill creía en la Regla de Oro.

Acababa de subir el siguiente peldaño de la escalera.

Sus deudas se pagaron en tiempo y forma, pero aún no conseguía su propósito del medio millón de dólares.

Su teléfono sonó.

Era el agente de la lista de correos y le dijo: "Hay otros 40,000 nombres por si te interesas."

"La compro" contestó Bill, y aunque no era tan voluminosa como la lista de los 100,000, estas potenciales ventas extras le garantizarían alcanzar su propósito deseado de medio millón de dólares en un mes.

- - - - -

Al terminar esta primera gran promoción, Bill manejó hasta la Costa de Oro en su nuevo Porsche rojo deportivo acompañado de su querida máquina de escribir en el asiento trasero.

En el trayecto de 1,000 millas tenía suficiente tiempo para pensar en su nuevo proyecto pero ahora ya como todo un empresario.

Tiempo para pensar.

¿Habría él descubierto el secreto? Trajo a su mente la obra **Piense y Hágase Rico.**

Bill tenía un **Propósito Definido Principal** que escribió en línea con los *6 pasos que convierten el Deseo en Oro* de **Napoleón Hill.** Las instrucciones para los seis pasos descritos decía que se tenía **empezar ya**, se estuviera preparado o no. Él si lo estaba. ¿Era este el secreto?

Tal vez, **estar preparado** era anotar tu **Propósito Definido** y utilizar los **6 pasos** de acuerdo con las instrucciones en **Piense y Hágase Rico.** ¿Era este el secreto? ¿o quizás sería la mitad del secreto?

¿Será que él había utilizado una **Alianza de Mente Maestra?** No, el no creía haber hecho eso, pero había utilizado el **Trabajo en Equipo** y trabajó en un **espíritu de cooperación amistosa** con un Agente de lista de Correos, un Gerente Bancario, un Impresor, un Diseñador Gráfico, una mecanógrafa, una Oficina Postal, y todos ellos realizaron sus tareas especializadas de acuerdo a las instrucciones de Bill.

¿Será que el Trabajo en Equipo era el secreto?

¿Será que lo que él hizo fue aplicar su Fe? Sí, él le tuvo fe a una idea correcta y en el momento adecuado desde el primer momento cuando le dijo al agente de correos: "Lo compro". Su fe removió el pensamiento negativo de "no se puede hacer" que se había infiltrado en su mente el primer día. Y el proyecto lo había mantenido tan ocupado que ni tiempo tenía para los pensamientos negativos

¿Quizás ese era el secreto...estar creativamente ocupado?

¿Trabajaba él externando una personalidad agradable? ¿Tal vez? En realidad, él se centró en su objetivo completamente. Y estaba muy decidido a triunfar. ¿Dejó que su personalidad fluyera o se expresaba esa personalidad a través de las palabras?

¿Hizo él uso de su iniciativa personal? Sí lo hizo. Reconoció una oportunidad que millones de personas podrían haber hecho caso omiso. Y desde ese día él encontró que estaba rodeado de oportunidades todos los días de su vida, pero que antes no pudo reconocerlas.

¿El secreto era así de simple? **¿Reconocer oportunidades?**

¿Era el secreto el entusiasmo? Bill aprobó este punto. De hecho la palabra más adecuada sería que él era apasionado. Trabajó apasionadamente y con entusiasmo haciendo caso omiso de todas las cosas negativas hasta concluir el trabajo.

¿Él ejercitó la autodisciplina? Sí lo hizo. Mantuvo su mente en el trabajo. En lo que quería y erradicó lo negativo que era un obstáculo. Esto demostró ser también ser **pensamiento preciso**. Y **atención controlada**.

Recuerde lo que Rocky decía en su película: "No importa el número de veces que te derriben….lo que te hace ser un ganador es el número de veces que te levantas y comienzas de nuevo."

¿Bill hizo uso de la **visión creativa**? Sí lo hizo. Desde el momento en que dijo Tengo un **Propósito Definido Principal** hasta el momento que dijo "Lo compro" demostró trabajar con visión creativa, y **escuchando también a su voz interior**.

¿Todo empezó con una idea? Así fue. ¿La idea era invisible? Sí. ¿La idea era un pensamiento? Sí. ¿El pensamiento se convirtió en una cosa? Sí. ¿Acaso el secreto fue esa acción de que el pensamiento se convirtiera en una cosa?

Pese a todas estas cosas en su mente, Bill seguía preguntándose: "¿Cuál es el secreto que se menciona más de 100 veces en el libro de **Piense y Hágase Rico?**", Pensó, "Tengo que haber absorbido algo del secreto de alguna manera ya que convertí una cuenta bancaria vacía en medio millón de dólares en sólo un mes. Pero todavía no sé cuál es el secreto."

Entonces se acordó de un relato acerca de Henry Ford en la que alguien maravillado por los millones que Ford tenía, le preguntó qué haría si de pronto toda su fortuna la perdiera en un instante.

La respuesta de Ford fue "La tendría de vuelta en 4 o 5 años"

Obviamente Ford conocía el *secreto*.

Bill no estaba seguro de que la historia fuera verdad... o posible... pero sospechaba que lo era... hasta que se dio cuenta de que en algún lugar en los últimos meses, en algún lugar de su reciente éxito, su manera de pensar había cambiado. Tenía una **conciencia del éxito** ahora, una **creencia impresa**. Ya no dejaba pasar las oportunidades. Ya no pensaba que cualquier idea fuera demasiado grande para él. Era un empresario que podía tomar una idea y convertirla en una historia de éxito. Sabía que tendría éxito una y otra y otra vez. Y en una forma mayor y más atractiva que nunca antes.

¿Ese era el secreto?

El conocimiento, la fe, de que uno puede tener éxito en cualquier circunstancia de la vida. Siempre y cuando se mantenga una conciencia de éxito en todo momento, y de ese modo no hay horizontes lejanos, ni metas demasiado grandes por lograr

La fe por sí sola no es suficiente. Para tener éxito una y otra vez hay que utilizar, siempre que sea posible, todos los 13 principios de Napoleón Hill y hacerlos parte de uno mismo en el espíritu de la Regla de Oro.

Bill finalmente arribó a la Costa de Oro y le platicó a un amigo de sus experiencias.

Y así siguió hablando de su historia.

Su amigo se exasperó y le dijo: "Bueno Bill, vamos….entonces cuál es el secreto?

"No lo sé" contestó Bill. "Pero te puedo prestar un libro en el que se menciona 100 veces..."

"Mientras tanto…Estaré ocupado trabajando en mi nuevo Propósito Definido Principal. Esta vez voy por el millón de dólares."

Acerca de Michael S. Johnson

Michael S. Johnson es un autor/editor/publicista Australiano de boletines de noticias y publicidad directa. Actualmente retirado en una playa tropical, en dónde aún continúa escribiendo y poniendo en práctica en su vida diaria el lema "dar para merecer". Le puede escribir al siguiente sitio web: www.michaelsjohnson.com.

¿Cuál es el Secreto que Refiere Napoleón Hill en Piense y Hágase Rico y que Supuestamente se Menciona en cada Página del Libro?

por
Raymond Campbell
Lake Orion, Michigan

Después de estudiar y hablar con cientos de las personas más exitosas del mundo, Napoleón Hill escribió **Piense y Hágase Rico**. En este libro clásico, Hill comparte los secretos para tener éxito - lo que Henry Ford, Thomas A. Edison y muchos otros hicieron para tener éxito. Pero el secreto más convincente aparece en el título. El secreto más útil, el secreto utilizado por todos los cientos de personas estudiadas por Hill, es la primera palabra en el título de su libro -¡**PIENSE**!

Sospecho que la mayoría de la gente se enfoca más en las dos últimas palabras del título: **Hágase Rico**, y le prestan poca atención a la primera: **PIENSE**. Yo creo que el uso de la palabra pensar es la forma en que Hill enfoca la atención del lector en todos los procesos mentales que se requieren para tener éxito. Hill, deja esto en claro a medida que se avanza en la lectura.

Hill, en repetidas ocasiones escribe sobre la importancia de tener un propósito definido principal en nuestras vidas, un deseo ardiente, una actitud mental positiva, y el mensaje que lo que la mente puede concebir y creer lo puede lograr. Las creencias, deseos, actitudes, ideas, el reconocimiento de oportunidades, la motivación, y así sucesivamente todos estos factores tienen su origen en nuestra mente. Y son las actividades mentales las que nos mueve hacia el éxito. Cada una de estas actividades esenciales comienza en la MENTE. Por esa razón, es que Hill le dio a su libro el titulo de **Piense y Hágase Rico.**

Si bien es claro que si una persona se enfoca en pensar y creer esto lo impulsa hacia el éxito, y también es cierto que el uso indebido de la mente puede llevar a la mediocridad o, incluso a algo peor. Mi experiencia coincide con las palabras de Hill cuando dice: Lo que pensamos, lo que tenemos como objetivos, lo que nos decimos a sí mismos y lo que creemos; todo ello trabaja conjuntamente para influir en lo que podemos lograr en la vida. Si ejercemos un control positivo sobre lo que "alimentamos" a nuestra mente, y le permitimos a ella enfocarse y creer, entonces podemos lograr grandes cosas.

En consecuencia, si nosotros no controlamos nuestras mentes, si no disciplinamos la mente a concentrarse en las metas más importantes, si no la empleamos para dinamizar nuestros esfuerzos, si desperdiciamos nuestra energía mental en la estupidez e irrelevancia o en los chismes y la denigración de los demás, entonces estamos desperdiciando y empleando mal nuestras facultades mentales. No resulta sorprendente que quien invierte su energía en tales actividades sin sentido, corren el riesgo de no experimentar el éxito. Por lo tanto, a esas pocas personas realmente ambiciosas que surgen con cada generación, y que quieren mucho más de la vida, ofrezco el siguiente ejercicio. Quiero que se adentre en las técnicas intemporales y probadas de Napoleón Hill y quiero motivarlo a PENSAR antes de responder las siguientes preguntas:

- ¿Qué quiere llegar a ser?
- ¿Qué quiere hacer con su vida?
- ¿Qué quiere lograr en su vida?
- ¿Cómo quiere ser conocido ante los demás?
- ¿En que es bueno haciendo?
- ¿Qué le proporciona más placer?
- ¿Tiene usted un ardiente y persistente deseo de hacer algo diferente de lo que ha hecho hoy? ¿Cuál es ese deseo secreto?
- Imagínese que está en el ocaso de su vida. Y está haciendo una revisión de toda su existencia, y rememora aquellos momentos que al recordar lo hacen exclamar "Si, ¡Fui muy exitoso! Ha sido una vida llena y gratificante."
- En resumen: ¿Qué quiere? y ¿Cuándo lo quiere?

Si estas preguntas le pueden ayudar a determinar su Propósito Definido en la vida, entonces ya tiene el PENSAMIENTO y ahora tiene una razón de peso para aplicar los demás principios de Hill - para que pueda alcanzar ese propósito que tiene en la vida.

No se sorprenda usted si encuentra que otros secretos y sugerencias de Hill requieren también de un PENSAMIENTO (es decir, usar la mente de una manera poderosa, orientada a objetivos, constructiva, positivamente y orientada a la acción).

Tal vez usted es uno de esos raros individuos que quiere más logros en la vida. Entonces, como Napoleón Hill y tantas otras personas de éxito, seguramente ya sabe que su **mente** (es decir, sus pensamientos, ideas, deseos, valores, motivación, metas, etc) es su más fuerte y mejor aliada en el campo de Batalla de la Vida.

Si desea mayores logros en la vida, si quiere obtener más de ella, si desea consumar el propósito principal de su existencia, entonces necesita convertirse en el **dueño** de su **mente**.

Si quiere saber cómo llegar a ser dueño de su mente, lo que necesita saber es cómo manejar y canalizar ese poder. Necesita saber cómo hacer para que su mente trabaje para usted, y no en su contra. Si lo anterior lo describe a usted, ¡siga leyendo!

Nos Convertimos en lo que PENSAMOS: 5 Poderosas Lecciones

Les aseguro que las 5 Lecciones que les comparto a continuación son importantes y que ¡van a trabajar para usted! ¿Cómo lo sé? Debido a que son cinco lecciones que ¡me han funcionado!

En gran medida, he tenido una vida muy exitosa. Serví como soldado de combate en Vietnam, y regresé a casa para llevar una vida positiva y productiva que incluye muchos logros personales y profesionales.

Cuando regresé de Vietnam, lo hice con un plan. Este plan incluía lo siguiente:

• Estudiar Contabilidad.
• Convertirme en Contador Público Titulado.
• Tener y operar mi propio negocio y hacerlo exitoso.
• Casarme con mi adorada novia de Preparatoria.
• Llegar a ser padre de niños felices que con el tiempo se convirtieran en gente valiosa para la sociedad.
• Levantar mi propia construcción.
• Trabajar esa construcción junto con mis hijos.
• Ayudar a otros negocios y empresarios a tener éxito.
• Causar un impacto positivo en mi comunidad y en mi país.

He conseguido todos estos objetivos que me fije en el plan y, en algunos casos, los he superado con creces. ¿Por qué? Simplemente porque logré dominar la mente mediante la aplicación de estas cinco lecciones:

Lección 1: Los Pensamientos son cosas PODEROSAS.

Lección 2: En Nuestro Interior hay dos Personas.

Lección 3: Usted CONTROLA sus pensamientos.

Lección 4: Usted tiene el poder de ELEGIR los pensamientos que entran a su mente y dominarlos.

Lección 5: Usted se CONVIERTE en lo que piensa.

Lección #1: Los pensamientos son cosas PODEROSAS.

¡Los pensamientos son cosas muy poderosas! Los pensamientos no son sólo los impulsos eléctricos e invisibles en el cerebro. Los Pensamientos contienen su perspicacia, sabiduría, experiencia, necesidades y deseos.

Los Pensamientos influyen en lo que usted cree y, por lo tanto, influyen en lo que logrará. Por esa razón ayudan a determinar si usted tendrá éxito o no. Si usted CREE que puede, y cree que va a tener éxito, ¡seguramente lo tendrá!

Henry Ford, el gigante de fabricación en serie, dijo, "Si piensas que puedes o piensas que no puedes, ¡tienes razón!" Lo que significa que si usted CREE que PUEDE hacer algo, LO PODRÁ hacer y seguramente con éxito. Pero si PIENSA que no lo PUEDE lograr, tienes razón también, y seguramente no tendrá ese éxito.

Lección 2: En Nuestro Interior hay dos Personas: Un Persona Positiva y Una Persona Negativa

He visto esto en mi propia vida. A veces, soy una persona positiva. Y en otras ocasiones una persona negativa. Te puedo decir por experiencia personal que el RAYO POSITIVO fue el más productivo, el de mayor éxito y el más feliz. El RAYO NEGATIVO fue menos productivo, de menor éxito y menor felicidad.

Yo creo que cada persona tiene el mismo reto, la misma dualidad: Usted es una persona positiva y al mismo tiempo alguien negativo.

La pregunta es: ¿Qué persona domina su mente, la positiva o la negativa?

La respuesta a esta pregunta nos lleva a la Lección #3.

Lección 3: ¡Usted CONTROLA sus pensamientos!.

Puede controlar sus pensamientos sin importar si son positivos o negativos. La negatividad es un hábito, ¡un hábito muy malo! Ser positivo es ¡el mejor hábito de todos!

Nunca deje que los pensamientos negativos lo controlen a usted o su destino. Cuando sienta que las ideas y pensamientos negativos están entrando en su mente, es común que use frases como: "No puedo" o "no tendré éxito", sustitúyalos por pensamientos positivos lo más pronto posible. Recuerde que en lo que piense, se convierte. Puede controlar sus pensamientos y lo que su mente le indique.

Lección 4: Usted tiene el poder de ELEGIR los pensamientos que entran a su mente y dominarlos.

Usted está en control de su propia mente. Y al tenerla bajo su control, usted tiene una opción. Si quiere tener éxito, y cree que puede, probablemente lo tendrá. Sólo permita pensamientos POSITIVOS para controlarla. USTED es el dueño de SU mente.

Tome el CONTROL de sus pensamientos y OPTE por enfocarse solo en pensamientos positivos también.

Lección 5: Usted se CONVIERTE en lo que piensa.

En aquello que permita que su mente se enfoque más, será lo más susceptible de convertirse en realidad.

¿En que centra más su atención la gente exitosa y triunfadora? Estas gentes constantemente se esfuerzan para ser positivos. Escriben sus metas específicas y trabajan arduamente para alcanzarlas. Son personas que creen que pueden lograr sus objetivos.

Es importante señalar que las metas son muy importantes para las personas exitosas porque determinan un propósito, enfoque y dirección. Las metas ayudan a medir los logros y el progreso en su trabajo hacia la consecución de sus propósitos principales. Y el logro de un propósito mayor en la vida es en lo que toda persona orientada y positiva está pensando todo el tiempo.

¿En que se enfoca la gente menos exitosa? Normalmente en pensar en términos negativos. A menudo piensan que no van a tener éxito o que no "vale la pena ni siquiera intentarlo." Creen que no hay necesidad de establecer metas. (Una vez leí que menos del 3% de las personas en los Estados Unidos establecen metas mensurables, por escrito. Tal vez por eso sólo el 3% de la población es muy exitosa, que son los únicos con ¡metas por escrito!)

Supongamos que nos dieran la opción de elegir, usted y yo siempre tenemos esa opción (ver Lección 4), yo preferiría ser una persona positiva que cree que PUEDE y que trabaja para lograr las metas importantes. ¿**Y usted**?

Recuerde siempre:

Si los pensamientos positivos dominan su mente - usted gana, ¡y puede lograr, el éxito!

Pero si son los negativos los que dominan su mente – entonces ¡perderá y es probable que fracase!

¿Quiere una prueba de que estas 5 lecciones funcionan? ¡Siga leyendo!

La Historia de la Caseta Telefónica

He aquí una historia real que ilustra cómo estas cinco lecciones fueron importantes en mi vida... ¡y cómo podrían cambiar su vida también!

En 1967, yo tenía 20 años, y me encontraba haciendo fila, en medio de una ligera lluvia, esperando para entrar en una cabina telefónica para llamar a mi madre.

Acababa de ser admitido en el ejército de Estados Unidos y había completado mi formación básica. Me acababa de enterar de que me estaban enviando a Ft. Polk, Louisiana, para capacitarme como soldado de combate. Después de un periodo de formación avanzada en infantería, me enviarían finalmente a Vietnam. Y fue entonces cuando conocí mi personalidad negativa - el Rayo Negativo.

Estaba ¡devastado! Me sentía abrumado con pensamientos y sentimientos negativos. Me pregunté: "¿Por qué yo? ¿Qué hice yo para merecer esto? ¿Cómo iba a darle a mi madre el peor mensaje que una madre podría escuchar en ese momento - que su hijo iba a Vietnam para ser un soldado de combate? "

Mientras marcaba el número de mi madre, la negatividad dentro de mí continuaba creciendo. Sin embargo, cuando oí su voz, un cambio se apoderó de mí... de pronto me vino una calma: le dije a mi madre que iba a Ft. Polk, Louisiana

Ella me contestó, "Ray, ¿qué significa eso?" Le dije que eso significaba, "que tendría la mejor formación, por parte del Mejor Ejercito, y del Mejor País del Mundo y que, cuando volviera a casa de regreso ya como un soldado de combate, me iría a la universidad en GI Bill. "

Estando ya en Vietnam, me dediqué a mi trabajo allí con un enfoque positivo. No pensaba para nada en todas las influencias negativas a mí alrededor.

Pensaba en entrar a la universidad. En los detalles acerca de los cursos que tomaría en negocios, matemáticas y contabilidad. Pensaba también acerca de mis potenciales logros que quería alcanzar como era mi certificación en contabilidad "CPA" y en abrir mi propio negocio. Y mi proyecto de casarme con mi novia de la preparatoria.

En el momento en que regresé a casa de Vietnam, ya tenía metas específicas y un plan detallado en mente. Me fui a la universidad y tomé cursos de contabilidad.

Me titulé, abrí mi propio negocio y lo vendí después por mucho dinero. Y finalmente me casé con mi novia de la adolescencia y desde entonces estoy felizmente casado desde hace 41 años.

Concebí mi plan. Creí en él. Trabajé para cristalizarlo y ¡lo volví en toda una realidad!

En ese momento, yo no entendía todas las fases positivas y negativas que sufrí aquel día lluvioso de 1967 mientras esperaba para llamar a mi madre. Varios años después, cuando leí el libro **Piense y Hágase Rico** de Napoleón Hill, las piezas comenzaron a encajar en su lugar. Y desde entonces ese libro me ha ayudado a tener más éxito.

Piense y Hágase Rico fue escrito en 1937 y es tan importante y poderoso hoy en día como lo era cuando fue escrita hace 70 años.

Una de las principales lecciones de este libro es que <u>Nos Convertimos en lo que Pensamos</u>. Ese principio lo he podido probar y comprobar en los últimos 40 años.

Entonces, ¿cómo es que estas cinco lecciones se aplicaron en mi vida y fueron tan importantes en esos 40 años.

Lección #1: Los pensamientos son cosas PODEROSAS.

Mientras esperaba en la fila para llamar a mi madre ese año de 1967, y notificarle a ella cosas que no le gustaría saber. Me sentía abrumado de pensamientos y sentimientos negativos.

La negatividad estaba controlando mis pensamientos... y un pensamiento negativo conduce a otro pensamiento negativo... era como un ciclo descendente horrible que no creía poder detener... la negatividad se alimentaba de sí misma y se convirtió en abrumadora... esos pensamientos negativos eran ¡cosas muy poderosas!

Lección 2: En Nuestro Interior hay dos Personas:
Un Persona Positiva y Una Persona Negativa

Esos pensamientos y sentimientos negativos trajeron consigo el rayo negativo. Todo fue negativo, yo estaba en un ciclón de la negatividad. Todo en lo que pensaba se caracterizaba en esos momentos por la negatividad. No había lugar para el rayo positivo.

Lección 3: ¡Usted CONTROLA sus pensamientos!.

En el momento en que oí la voz de mi madre aprendí que yo tenía el control sobre mis pensamientos. Pasé de la ansiedad a la calma. Podía centrarme en lo positivo o en lo negativo... pues yo tenía el control. Si tengo el control, tengo ¡la capacidad de elegir!

Lección 4: Usted tiene el poder de ELEGIR los pensamientos
que entran a su mente y dominarlos.

Al hablar con mi madre, tuve la OPCIÓN de externar todos los pensamientos negativos y sentimientos que estaba experimentando, o podía cambiar el rumbo y centrarme en lo POSITIVO, y así ver el lado bueno de las cosas en un futuro para mí. Y eso hice.

Lección 5: Usted se CONVIERTE en lo que piensa.

Mientras estuve en Vietnam, mis pensamientos giraban en torno a mi deseo de ir a la universidad, abrir mi propio negocio y casarme. Eran tan claros y poderosos, que me vi obligado a ejecutarlos.

Cuando llegué a casa, empecé a convertirme en lo que había pensado durante todos esos meses. Me encontré con que los pensamientos positivos eran tan poderosos como los pensamientos negativos, pero los sueños y pensamientos positivos resultaron mucho mejores.

Aprender a enfocarme en lo positivo, y aplicar las cinco lecciones que he descrito en este capítulo, me han servido bien durante décadas.

Y en base a mi experiencia, y la obra de Napoleón Hill en **Piense y Hágase Rico**, sé que estas cinco lecciones le servirán a usted, a su familia y sus compañeros de trabajo, también.

Algunas preguntas para PENSAR:

P: ¿Te imaginas estar en el campo de batalla de Vietnam, Irak o Afganistán, con una actitud mental negativa? ¿Cómo podría enfocarse en las tareas de vida o muerte que tuviera que hacer?

Le diré que por experiencia personal, ¡ser negativo no es una condición buena en el campo de batalla! Una actitud negativa causa ...

• Indecisión
• Imprecisión de Juicio
• Miedo
• Y, en muchas personas, la incapacidad de ejecutar. Una actitud negativa causa una forma de parálisis cuando la acción es necesaria, la persona se paraliza y no puede actuar

¿Son los pensamientos negativos más útiles en el "campo de batalla de los Negocios" o en el "campo de batalla de la vida cotidiana?" ¡No! Se necesita una actitud positiva en ambos aspectos, ¡en los negocios y también en la vida!

Y cuando las APUESTAS son ALTAS, es cuando se requiere sobre todo una actitud positiva. En el combate, en el campo de batalla, las apuestas son muy altas, literalmente de vida o muerte - ¡su propia supervivencia!

En el campo de batalla de los negocios, las apuestas son altas, también. La supervivencia de su negocio. Su medio de vida. El sustento de sus empleados. Las rentas o hipotecas de esos empleados. El pago de comida o la educación de los niños. ¡Estas son las grandes apuestas de verdad!

P: ¿No sería genial que su familia o sus compañeros de trabajo se enfocaran en pensamientos y resultados positivos? ¡Imagínese la diferencia que haría en su vida familiar y laboral si la gente que le rodea se centrara en lo positivo, y no en lo negativo!

El Pensamiento Positivo y una Actitud positiva son importantes, pero se requiere más cosas para tener éxito. Ser exitoso requiere de la Acción – por supuesto, ¡Acción Positiva! Disciplina. Dedicación y Práctica. Se requiere reemplazar los viejos hábitos, ineficaces de pensar negativamente por nuevos hábitos de pensar positivamente. Se requiere de entrenarse para pensar, para planear y actuar en formas nuevas y más constructivas. Se requiere aplicación de todos estos conceptos para empezar a cambiar por una vida mejor.

Si usted puede comenzar a entrenar su mente para concentrarse en metas positivas y resultados positivos, eso sería un gran comienzo. Y las 5 lecciones antes referidas le ayudarán a comenzar ese proceso y lo llevará a ¡nuevos niveles de éxito!

P: ¿Quiere cambiar la dirección, el tono y los resultados en su vida?

P: ¿Desea obtener más de sus negocios, trabajadores y de su vida?

P: ¿Quiere mejorar las relaciones con su familia y amigos?

P: ¿Quiere cristalizar su Principal Propósito en la vida?

Para lograrlo, se inicia con una actitud mental positiva y estas 5 lecciones. Luego, debe usted estar dispuesto, dedicado, y tener el deseo de llevar su vida a un nuevo nivel. Deberá enfocarse y disciplinarse. Tiene que trabajar duro, porque ¡el éxito siempre requiere de un trabajo duro! Y lo más importante: deberá dominar su mente.

Esto es tan importante que le puse el nombre a mi negocio de *Soluciones de Mente Maestra*. En este negocio he ayudado durante muchas décadas a profesionales de negocios y empresas completas a poner estos principios positivos en práctica. Es muy gratificante ver a sus clientes ¡transformar sus negocios, su productividad, sus beneficios y sus vidas! Es muy gratificante ayudar a otros para dominar su mente y a ¡**PENSAR Y HACERSE RICO!**

Con base en experiencias de primera mano, y décadas de investigación sobre las personas más exitosas del mundo, le puedo asegurar que el libro de **Piense y Hágase Rico** de Napoleón Hill junto con las 5 lecciones que compartí en este capítulo le ayudarán a:

1. Establecer y realizar sus METAS y sueños
2. Obtener mayor prosperidad para USTED y su FAMILIA.
3. Lograr más felicidad y satisfacción a USTED como persona.

Lo que la mente puede concebir y creer lo puede lograr.

Los pensamientos positivos más una perspectiva positiva acompañada de una acción positiva, influirá positivamente a que logre lo que se proponga en la vida. ¿Por qué? Porque son ¡COSAS! Y ¡LOS PENSAMIENTOS SON COSAS MUY PODEROSAS!

Tan poderosos que Napoleón Hill puso el supremo secreto en cada página de su libro:

¡*PIENSE* Y HÁGASE RICO!

Acerca de Raymond Campbell

Raymond Campbell es Presidente de Mastermind Solutions Inc., una firma de consultoría de gestión radicada en Lake Orion, Michigan y especializada en crear e implementar herramientas, indicadores y objetivos de gestión que garantizan ¡resultados! El Sr. Campbell es veterano de guerra, Contador Público Titulado, e Instructor Certificado por el Centro Mundial de Enseñanza Napoleón Hill. Ray es un ferviente creyente y maestro del principio de Mente Maestra. Le puede escribir en: www.mastermindsolutions.com.

La fe es el jefe químico de la mente. Cuando la fe se mezcla con el pensamiento la mente subconsciente inmediatamente recoge la vibración, la traduce a su equivalente espiritual y la transmite a la inteligencia infinita, como en el caso de la plegaria.

–Napoleón Hill

Cuando la Derrota entra a Empujones....

Por
Janet Jones
Yorkshire, England

Nadie dijo que la vida fuera fácil. Todo el mundo enfrenta un momento difícil en algún momento de su vida y dicen que "Es una oportunidad para crecer". Dentro de las obras de Napoleón Hill se encuentra el secreto del "crecimiento". La pista está en el título de **"Piense y Hágase Rico"**. Este libro no sólo trata acerca de las estrategias para volverse financieramente ricos. En el texto, Napoleón Hill habla de la importancia de dar para recibir y de ser amable y considerado con los demás, lo que equivale al mismo valor de tener metas financieramente de riqueza. Yo interpreto el "secreto" de **"Piense y Hágase Rico"** en el sentido de que el término "Rico" se refiere a la riqueza de la vida, y el dinero es algo independiente totalmente. No todo el mundo quiere ser un millonario y el éxito tiene un diferente significado para todos. El éxito para mí es llegar a convertirme en una reconocida fotógrafa, cuyo trabajo inspire a los demás y ser madre de niños felices con propias metas y ambiciones. Independientemente de lo que signifique el éxito para usted, en este libro se muestran alternativas para alcanzar sus logros personales. Sin duda, el "secreto" se refiere también al uso de **todos** estos principios juntos. No es recomendable únicamente leer el libro y esperar que su lectura cambie su vida. Sería tanto como inscribirse a un gimnasio esperando que con solo tener la membrecía logre ponerse en forma. Debe poner todas las lecciones en práctica, para alcanzar su verdadero potencial.

Me topé por vez primera con las obras de Napoleón Hill mediante una pieza de correo basura hace diez años. Era un folleto de color rojo brillante con una cubierta de plástico que llegó a través de mi buzón. Con texto en negrita de color amarillo y blanco se remarcaba las palabras "Alcanzar lo Imposible y Abrirse Paso hacia una Vida Extraordinaria y Plena." Todavía lo conservo. El folleto llegó en un momento en que iba a visitar a mi médico por pastillas antidepresivas. Tenía tres hijos pequeños, un marido que trabajaba constantemente y yo era una madre de tiempo completo dedicada a las labores domésticas. La vida parecía muy triste, me sentía muy sola y perdida. Mi único objetivo era encontrarme nuevamente a "mi yo interior". Con eso sería suficiente y la lectura del libro me ayudó a encontrarme con ese "yo" que andaba extraviado. Mi primera lectura del libro me inspiró una actitud mental más positiva para lidiar con mi vida personal. Toda vez que ya había hecho cambios sustanciales en mi vida cotidiana, sentí la necesidad apremiante de poner a prueba todos esos principios. La siguiente pieza de correo basura que llegó decía, "Misterio, Emoción, Aventura – Decídete, Haz la Diferencia, contribuye a reunir fondos para niños desamparados y participa en la caminata de 60 kilómetros a Machu Picchu. Supe de inmediato que esto era lo que esperaba para probar los principios de Napoleón Hill. Usando toda la sabiduría y consejos de Napoleón Hill participé y contribuí a recaudar £ 4,000 (más de $ 6000) por concepto de donación y realice la caminata de 60 kilómetros a gran altura a través de los Andes hasta Machu Picchu acompañada de cuarenta extraños. Para lograr este objetivo, aplique todos los principios con un "ardiente deseo" de llegar a Machu Picchu con el fin de recaudar los fondos que tenía que obtener fuera de mi zona de confort. Use mi "mente subconsciente" para visualizarme a mí misma entrando triunfante en frente de cientos de personas para recaudar los fondos. Formé mi "grupo de mente maestra" con amigos cercanos y familiares que me motivaron a seguir adelante, en aquellos días de dudas, y con quienes celebré la culminación de mi éxito. Mis hijos fueron los jugadores clave en mi "grupo de mente maestra"; me ayudaron a elaborar una cantidad infinita de pasteles para vender. Orgullosamente colaboraron conmigo en la recaudación diaria de fondos. Establecimos metas financieras, creamos un plan y logramos nuestras metas. Quizás el secreto de Napoleón Hill en su libro es el acto de ¡**pensar** en una meta y luego entrar en acción con la creencia total de lo que quieres!

El 23 de septiembre del 2001 fue el día que partió la caminata; también era el noveno cumpleaños de mi hija. Que por cierto me dejó ir con su bendición. Yo estaba emocionada y nerviosa, al no saber lo que me esperaba. No conocía a nadie en la expedición, excepto a mi "otro yo" con quien me había encontrado recientemente. Yo estaba de vuelta. "La Ciencia de la Realización Personal" de Napoleón Hill realmente me había funcionado.

Cuando mi nuevo "yo" volvió a mi hogar, mi vida cambió sustancialmente. Ya había hecho cambios fundamentales dentro de mí y no me permitiría en absoluto regresar a la condición personal que tenía anteriormente. Con toda la fuerza que había adquirido al poner en práctica los principios de Napoleón Hill a través de la lectura y el estudio de cursos en línea, salí a estudiar la carrera de Fotografía. Esto era algo que yo debía haber hecho a la edad de 24 años y ahora ya tenía 37. Tenía un gran "grupo de mente maestra", conformado por familiares y amigos, que me motivaban y apoyaban en los tiempos difíciles y en el cuidado de mis hijos. Mi deseo era verdaderamente ardiente, tanto como las energías que quemaba diariamente desvelándome trabajando y escribiendo ensayos. Napoleón Hill no sólo cambió mi vida, sino también la salvó. Aunque todavía no era económicamente rica, mi vida se enriquecía día a día a partir de una perspectiva más positiva con mis hijos y con toda la información nueva y hermosa, que estaba absorbiendo de mi carrera. Tres años más tarde cumplí mi objetivo y durante los últimos cinco he trabajado de manera independiente por todo el Reino Unido como fotógrafa Comercial y de Bellas Artes.

Desafortunadamente, cuando se realizan cambios espirituales, cambios internos de largo plazo, y se pone en práctica los principios de Napoleón Hill, ocurren cambios en tu entorno. A veces, sólo a veces, ya no es posible encajar en el mundo que solías tener y esto afectó a mi matrimonio terminándolo algunos años después.

"...todos los que tienen éxito en la vida superan un mal comienzo, y pasan a través de muchas luchas desgarradoras antes de 'llegar'. El punto de inflexión de los que lo consiguen por lo general llega en el momento de una crisis, a través de lo cual llegan a conocer a sus otros yo". P27 Piense y Hágase Rico

Después de mi separación, me encontré con el amor de mi vida. Mi verdadero yo, el nuevo "yo" había atraído a su alma gemela. Yo estaba muy feliz. Él era maravilloso, amable, cariñoso, protector y divertido. Nuestras vidas eran un reto, y yo creí que estaríamos juntos para siempre. Nada podía romper el amor que teníamos el uno al otro. Pensaba que el amor verdadero podía conquistarlo todo. Por desgracia, mientras escribía este capítulo, no tenía ni idea de ¡la sorpresa tan desagradable que me tenía deparado el destino con respecto al "amor de mi vida" (hasta ese momento)! No tenía ni idea de que estaba a punto de ser atropellada por una aplanadora emocional muy grande. Mi vida con él se terminó abruptamente cuando se cruzó alguien más en su vida. Una vez que ese choque brutal había pasado y pude pensar con mayor claridad. Me di cuenta, una vez más, de hecho más que antes, que necesitaba recurrir a los "principios del éxito" de Napoleón Hill". Sabía por experiencia que el enfoque de **"Piense y Hágase Rico"** funcionaba, por lo que era el momento de "pensar" en ya salirme de esa situación y encontrar nuevas riquezas en mi vida. Somos lo que pensamos y tenemos dos opciones, positivo o negativo. Y cuando usted cree en la obras de Napoleón Hill, el pensamiento negativo no es ninguna opción válida.

"Extrañas y variadas son las formas de vida, y más extraño aún son las formas de la inteligencia infinita." P28
Piense y Hágase Rico

La Inteligencia Infinita es una cosa extraordinaria y perfecta, y se manifiesta incluso ¡cuando te dan una gran patada en el trasero con una enorme bota con punta de acero! Lo pude comprobar cuando se me pidió que contribuyera en la elaboración de este libro con mi trabajo de fotografía, que ha sido mi pasión, al fin aparecía la luz al final de mi túnel. De no haber tenido la experiencia de haber puesto en práctica antes los Principios de Napoleón Hill, probablemente no habría visto esta invitación como una oportunidad, algo que era demasiado difícil, principalmente cuando se está tratando de remendar un corazón roto. Sin embargo, estos principios ya formaban parte de mí y pude ver la oportunidad que acepté de inmediato. De repente, tenía la "Definición de un Propósito" viéndome a la cara. Todo lo que tenía que hacer era levantarme de nuevo, desempolvarme y perdonar las acciones de mi ex pareja y dar las gracias a la "inteligencia infinita" por la divina exactitud para recibir esta oportunidad. No es fácil, sobre todo, después de que uno se siente como si le hubieran enterrado un cuchillo en repetidas ocasiones. Sin embargo, incluso en mi peor momento sabía que de mi dependía extraer de mi cuerpo ese cuchillo y acabar con ese dolor. Ahora más que nunca era fundamental para mí tener una "actitud mental positiva," no sólo para mi propio éxito, sino también por el amor de mis hijos. La vida es corta y yo no quería desperdiciar más tiempo en recuperarme. Napoleón Hill nos recuerda que debemos buscar la semilla de un beneficio equivalente en cada derrota experimentada; y nos recomienda también que el mejor momento para empezar a buscar la semilla en una nueva derrota es AHORA.

El trabajo iba a ser mi salvación. Decidí pasar un tiempo sola y me dirigí a Cornwall durante una semana, a absorber la maravillosa energía del mar. Decidí acampar para estar sola. Tenía la intención de ir a buscar imágenes para este proyecto, pero la curación resultó ser la razón. Era el momento de usar mi mente subconsciente y tomar el control de este dolor, rezando y meditando. Me di cuenta que mi mente estaba llena de emociones negativas, como eran los celos, el odio, la ira, pero sobre todo el miedo de no volver a amar. El miedo a la soledad. **"Lo único a lo que debemos temer es al miedo mismo."** Era el momento de dejar atrás este sentimiento con el fin de abrirme a nuevas oportunidades. El miedo nunca permite ver nuevas oportunidades. Éstas se vuelven invisibles para el miedo.

El miedo a la pérdida del amor de alguien es el más doloroso de todos los seis miedos básicos. Es probable que cause más estragos en el cuerpo y la mente que cualquiera de los demás miedos. P271 **Piense y Hágase Rico**

Me sentía agitada, enferma e inapetente. No podía ni comer. En la meditación, ya sea en mi tienda de campaña o al caminar a solas por el sendero de la costa, bajo la lluvia (¡es Inglaterra, después de todo!), me enfocaba a querer cambiar esas emociones negativas por amor, paz y aceptación. Me visualizaba perdonando a esa persona que tanto daño me causó y dejándolo ir a encontrar su felicidad por el camino de su elección. Hacía esto a la mitad de la noche cuando los celos y la ira me empezaban a consumir de nuevo, y al mismo tiempo me enfocaba a visualizarme disfrutando de mi propio éxito, imaginándome llena de felicidad y riendo una vez más. Tuve que hacer esto muchas veces y algunas veces todavía lo hago.

Nada en este mundo sustituye a la perseverancia. Ni siquiera el Talento; Nada es más común que la gente fracasada con talento.
El Genio tampoco; el genio no recompensado es casi un proverbio.
La educación tampoco; el mundo está lleno de negligentes educados.
La perseverancia y la determinación son omnipotentes.

Calvin Coolidge (1872-1933)

La Perseverancia juega un papel enorme en toda clase de éxitos. Yo vivo en un valle en Pennine Hills de Yorkshire, Inglaterra. Empiezo mi día a las 6 am con una caminata de 3 millas en las que medito y establezco mis metas del día para lograr la vida exitosa que deseo. Camino con velocidad, con los hombros hacia atrás, la cabeza bien erguida. Un paseo matinal ayuda a generar confianza interior. Comenzar el día de esta manera es también una buena forma de mantener mi actitud mental positiva. Cuando el clima es nublado y lluvioso, es el momento más difícil para ejercitarse, pero es cuando regreso a casa más llena de energía y entusiasmo. ¡Al mal tiempo buena cara! Con las imágenes de este libro ahora tengo una gran fuente de referencia para inspirar y motivar a la gente en todo el mundo, aunque esta solo sea parte del éxito.

*"Las riquezas no responden a simples deseos. Responden únicamente a planes definidos, respaldados por deseos definidos a través de una constante **perseverancia**"* P187 Piense y Hágase Rico

Ahora es esencial para mí, desarrollar "perseverancia" en las formas que Napoleón Hill sugiere en su libro y convertirla en un **hábito**. Sólo cuando estos principios se convierten en un hábito pueden servir bien. El hábito de la perseverancia lo lleva a la libertad de pensamiento e independencia y garantiza favorables resultados. Es el hábito lo que convierte los sueños en realidad. Como Calvin Coolidge nos recuerda, la perseverancia y la determinación lo es todo.

La derrota personal me ha dado gran fortaleza de muchas maneras. Anteriormente sufría del "miedo a la crítica." Tenía miedo de exponer mi trabajo para que todos lo pudieran ver. Mi baja autoestima en realidad era lo que no me permitía creer que mi trabajo fuera lo suficientemente creativo o lo suficientemente bueno para tener éxito en este campo tan competitivo. ¿Quién era yo para pensar que la gente quisiera publicar mi trabajo cuando ya había tantos increíbles fotógrafos? Ahora siento que nadie me puede lastimar más de lo que me lastimaba yo misma y logré sobrevivir, así que esto me da una cierta cantidad de confianza para poner mis objetivos en acción

Primero debes quemar la hierba para que nuevas raíces crezcan.

Recientemente, he captado imágenes más fuertes y más audaces. Mi creatividad se está desarrollando sin miedo. Creo en las imágenes que estoy produciendo y tengo la visión del objetivo al que quiero llegar con ellas, para poner en acción mi plan y sean un éxito. Con la perseverancia creo que voy a lograr el éxito que estoy buscando. Es hora de dejar de esconder mi luz bajo la sombra del anonimato.

"Para salir adelante primero hay que arriesgarse"
−W. Clement Stone

Siempre he soñado con tener mi trabajo publicado en un libro. Trabajar con la Fundación Napoleón Hill ha sido mi primera oportunidad y estoy seguro de que hay más libros dentro de mí esperando salir. Mientras tanto, mi intención es que estas potentes imágenes que capturan cada capítulo de la obra de Napoleón Hill, se puedan exhibir y venderse en todo el mundo para que puedan inspirar y motivar a la gente. Napoleón Hill realizó su obra durante la Gran Depresión en la década de 1930 y su trabajo fue una importante contribución a cambiar la forma de pensar con respecto a la economía de Estados Unidos en ese entonces. El mundo está de nuevo en un bajo crecimiento económico y la inspiración es lo que se necesita. Me siento halagada de que mi trabajo sea una contribución de alguna manera y que aparezca al lado de la obra de un hombre tan grande, que todavía inspira a muchos aún después de tantos años de fallecido.

"La transmutación de la energía sexual requiere, desde luego, de una gran fuerza de voluntad, pero la recompensa que se obtiene bien vale el esfuerzo" **P.220 Piense y Hágase Rico**

El principio de "la transmutación del sexo" me hacía sentir mal, al principio, porque lo interpretaba como algo que implicaba tener que renunciar a mi vida sexual y amorosa si es que deseaba tener éxito. "La transmutación del sexo" no trata de negar su sexualidad y la supresión de la libido, sino todo lo contrario, este principio es el aprovechamiento de los sentimientos sexuales. Trata acerca de sentir la energía sexual todos los días con el fin de sentirse inspirado con su meta deseada. Cuando nos sentimos atraídos sexualmente a nuestra pareja nos sentimos vivos, energéticos, inspirados y positivos. Podemos sentir todo esto derramándose fuera de nosotros e inspiramos a otros con nuestro entusiasmo por la vida. Nos encanta todo, desde los pájaros en los árboles ¡hasta la presencia del cartero! Cantamos, bailamos y sonreímos más. "La transmutación del sexo" es el hábito del éxito que aprovecha esta energía para su propio deseo. Es esencial identificar como podemos crear esta energía y guardarla para nosotros mismos, a fin de que pueda ser transmutada a nuestra propia pasión personal. Independientemente de que lo canalicemos hacia el arte, la literatura, la fotografía, el trabajo o simplemente para estar contentos con nuestra salud y bienestar. Toda Energía cría más energía. Aprenda a capturar la energía más poderosa e influyente y siempre le quedará algo para compartir con un compañero. Al ser energía auténtica es más duradera, ya que proviene desde el interior y no desde la pareja en turno que se tenga.

"La emoción del sexo es una virtud solamente cuando se utiliza de manera inteligente y con buen gusto. A menudo puede ser mal utilizada hasta el punto de la degradación, en vez de enriquecer, tanto el cuerpo como la mente". **P.220 Piense y Hágase Rico**

La energía sexual es peligrosa cuando se depende de la reacción amorosa de otra persona, ya que es como poner todos los huevos en una sola canasta. Experimentar la alegría de la energía sexual y después abruptamente interrumpirla puede causar depresión grave y conducir a la gente a actuar extrañamente. Aprender a aprovechar esta energía interna de usted y para usted mismo puede actuar como un antidepresivo. He aprendido que nunca se debe dar toda la energía sexual dentro de una relación, así nadie tendrá el poder de pisotearla y romper su corazón. De este modo, podrá extrañar a alguien por un tiempo, pero su corazón y su alma todavía serán suyos e intactos

Para tener éxito en el "principio de la transmutación del sexo" deberá expresarlo todos los días. Vestir bien, comer bien y evitar los alimentos grasos y el alcohol y tener una rutina diaria de ejercicios. Todo esto produce suficiente serotonina para mantenerlo activo y convertir esa energía en un genio. Napoleón Hill lo describe como la alquimia, ¡al convertir algo básico en oro! Exprese la energía sexual a través de su lenguaje corporal, su tono de voz y todo de usted. Las personas exitosas están llenos de encanto y carisma; y todo esto es energía sexual que se transmuta para el éxito. Manténgalo y úselo correctamente.

"La energía debe ser transmutada, de deseo de contacto físico en alguna otra forma de deseo y acción previo a la elevación de uno a la condición de genio." **P.216 Piense y Hágase Rico**

Una carrera exitosa es una parte esencial de la realización de mi vida. Por doloroso que esta parte de mi vida llegó a ser, me demostró ser también una oportunidad para canalizar esta energía y centrarme por completo en la creatividad necesaria para mi trabajo. También ha permitido que me enfoque en lo que son mis valores y vivir conforme a ellos a través de los negocios y la familia. "Los beneficios de largo plazo del éxito y la realización personal" son muy superiores a la gratificación instantánea del sexo y vale la pena el esfuerzo a largo plazo.

"Lo que puedes concebir y creer, lo puedes lograr"
–Napoleón Hill

Para ser exitoso y pasar por encima de la mayoría, es necesario creer en su visión, en usted mismo y en el universo para que lo lleven por el camino correcto. El "secreto" al que alude Napoleón Hill en cada página de su libro está en el título. El libro "**Piense y Hágase Rico**" es un mensaje fuerte en la creencia y la acción. La creencia está en la palabra "**Piense**" del título y "**Hágase**" es la acción. En cada caso que analiza, usando toda su sabiduría y los principios que él había identificado, hace suficiente hincapié en la importancia de CREER Y ENTRAR EN ACCIÓN DE INMEDIATO, INCLUSO SI SIENTE QUE AÚN NO esté preparado. El secreto en todas las páginas de su libro consiste en: "si usted puede creer, usted lo puede lograr." La creencia en la visión y la acción crea grandes cambios en el mundo, ¡desde las guerras hasta la invención del Internet! Si la creencia y la acción pueden ser así de poderosas, entonces tenemos que aprender a creer en nuestra visión y crear un plan para manifestar lo que vemos en nuestra mente y corazón. Napoleón Hill identificó trece principios del éxito, todos ellos basados en la "creencia" del éxito. Cuando acepté hacer el proyecto de fotografía de este libro no tenía ni idea de CÓMO iba a encontrar o crear las imágenes. Yo sólo CREÍA en la visión de las imágenes finales que obtendría, sin lugar a dudas. Así que ME PUSE A TRABAJAR DE INMEDIATO. Las imágenes de esa creencia y acción ahora ilustran los principios de Napoleón Hill en este libro. Estoy seguro de que van a inspirar a la gente de todo el mundo, al igual que el texto perdurable del trabajo de Napoleón Hill en **Piense y Hágase Rico.**

"La Visión sin acción es sólo un sueño. La acción sin visión es simplemente pasar el tiempo. La acción con visión puede cambiar al mundo."
Joel Barker

Agradecimiento especial a Joel Barker por el uso de su cita inspiradora.

Acerca de Janet Jones

Janet Jones es una fotógrafa profesionalmente calificada radicada en Yorkshire, Inglaterra. Se especializa en la fotografía Comercial y de Bellas Artes y su trabajo se puede ver en muchos sitios web y en exposiciones de negocios. Janet también es Instructora Certificada de Napoleón Hill y pone en práctica los "Principios del Éxito" en su vida diaria. Le puede escribir en su sitio web: www.janetjonesphotography.co.uk.

El Secreto para Todos

por
Kathleen Betts
Toronto, Canadá

"Es una de la recompensas más hermosas de la vida de que cuando un hombre sinceramente ayuda a los demás al mismo tiempo se ayuda a sí mismo."

–Ralph Waldo Emerson

Como buscadores de éxito y felicidad, muchos de nosotros hemos tenido la suerte de tropezar con la obra de vida del Dr. Napoleón Hill o nos han compartido este conocimiento personas que han sacado provecho de esta filosofía y principios que describe en su famosa obra, **Piense y Hágase Rico**. El Dr. Hill ingeniosamente siembra pistas a lo largo de los capítulos y nos asegura que: "A medida que usted vaya leyendo estas páginas, el secreto al que me refiero saltará de cualquiera de ellas ante usted; ¡SI ES QUE ESTÁ USTED DISPUESTO A RECIBIRLO! Tan pronto aparezca lo reconocerá de inmediato. Si lo recibe en el primer capítulo, o en el último, deténgase un momento cuando se presente y haga un brindis, pues ese momento marcará el cambio más importante de su vida." Si este momento es tan revelador y trascendental que mueve a la reflexión como fuera el deseo del Dr. Hill, ¿cómo es posible que algunos de nosotros leemos todo el libro, posiblemente más de una vez, y pese a ello no logramos que ese secreto salte ante nosotros?

Como una entusiasta de la vida y obra del Dr. Hill, este escritor tiene el honor de contribuir a estos testimonios con la ardiente esperanza de ayudar a los lectores a encontrar la respuesta. Yo creía haber encontrado el secreto por vez primera en la página 40 de mi copia del libro en las palabras, "para recibir primero hay que dar", lo que me llevó a exclamar triunfalmente "¡lo tengo!" y celebré cuando en la página 115 leí "dando a cambio un valor equivalente de una forma u otra." Lo que yo había estado buscando parecía saltar de la página. Si el descubrimiento del secreto se podría hacer simplemente recomendando a otros que buscaran en las mismas páginas donde presuntamente lo hallé, entonces no tendría caso el libro que tiene en sus manos. Las instrucciones del Dr. Hill me ayudaron a clarificar mi objetivo y apoyar los principios vitales para lograrlo. Cuando pude entender y ver cuál era el secreto del Dr. Hill fue cuando se hizo claro ante mí la idea exacta de lo que quería tener y hacer.

Como fuerza del hábito cósmico, comienzo cualquier discusión sobre el éxito resaltando mi logro primario de ser una madre afortunada de cuatro preciosos niños y con la esperanza de que todos los otros padres compartan este mismo sentimiento en sus propias vidas. Otro logro extraordinario que no podría dejar fuera de esta discusión es la de tener esta oportunidad y el honor de inspirar esperanza a otros que están en su camino hacia el éxito. Se ha convertido en una de mis grandes pasiones compartir la filosofía del Dr. Hill, especialmente con aquellos que están listos para **Pensar y Hacerse Ricos**, o que se están preparando para estar listos, como presumiblemente es el caso de los lectores de este material. Estoy enormemente agradecida por su interés y esperanza de que lo que está leyendo le permitirá marcará también el reconocimiento del momento más decisivo de su vida.

Despierta nuestra curiosidad ansiosa, las páginas del prologo del Dr. Hill cuando declara: "*El secreto al que me refiero se ha mencionado no menos de un centenar de veces a lo largo de este libro.*" Con una respuesta así, que aparece ante nosotros no menos de cien veces, sin duda la búsqueda debería ser más fácil que buscar una aguja en un pajar porque es como si ya buscáramos de antemano solo una frase. El Dr. Hill además aconseja: "*No ha sido nombrado directamente, ya que parece funcionar con más éxito cuando se trata simplemente de descubrirlo y dejarlo a la vista, donde aquellos que están listos, lo puedan recoger.*" A lo largo de nuestra aventura en la búsqueda de cosechar fortuna con la lectura, en ocasiones, pareciera que ya hemos resuelto el misterio sólo para comprobar con desilusión el desvanecimiento de las pruebas ante los ojos de nuestra mente. El "secreto" puede parecer un acertijo con disfraz de enigma. Tal vez lo que pasa es que se trata de un sentimiento extraviado en el bosque del subconsciente que nos impide ver los arboles de ese bosque.

Irónicamente, el secreto es tan obvio, que nuestra comprensión de él puede ser poco claro debido al escepticismo que manifestamos cuando tenemos pensamientos titubeantes de que "quizás esté allí". Parte de la incredulidad es atribuíble al término "secreto". Si en lugar de llamarlo un secreto, lo llamamos "lo que es claramente evidente", seguramente resultaría más fácil de entender. Nuestros pensamientos crean el velo de misterio al llamarlo un secreto. Una de las pistas que el Dr. Hill ofrece en el capítulo de la "Imaginación" era que, *"Así de extraño y paradójico que pueda parecer, el "secreto "no es un secreto."* *Más adelante aconseja: "Por encima de todo, no se detenga, ni dude en su estudio de estos principios hasta que haya leído el libro por lo menos tres veces, para entonces, ya no querrá parar. "*

Paradójicamente o intrínsecamente, nuestro reto de apoderarnos en forma concluyente del secreto está relacionado con las ideas, pensamientos y creencias en constante cambio que pasan por nuestras mentes. Agréguele a eso el elemento combinado de nuestras experiencias personales, deseos ardientes, metas, objetivos, sueños y todas las derrotas temporales; todas ellas van ligadas a lo que creemos se califica o define como éxito. Estos factores que cambian constantemente crean un efecto de un blanco u objetivo en movimiento con el resultado de que nuestra fortaleza en el "secreto" sufre de altibajos constantes. Esta transformación en nuestras mentes, es una pista sólida. Una vez que tenemos en la mente la idea clara de un objetivo estático y una lúcida definición personal del éxito, es muy probable que ya esté preparado para que el secreto salte ante usted desde las páginas.

Es útil tener en cuenta también los consejos de otros grandes personajes, que han influido o fueron influenciados por el Dr. Hill. En particular uno de ellos de elocuencia incomparable, fue Ralph Waldo Emerson quien escribió innumerables y perspicaces poemas y ensayos inspiradores sobre el tema.

¿Qué es el éxito?
  Reír a menudo y mucho;
  Ganar el respeto de las personas inteligentes y el afecto de los niños;
  Conseguir el aprecio de críticos honestos y soportar la traición de falsos amigos;
  Apreciar la belleza;
  Encontrar lo mejor en los demás;
  Dejar un mundo un poco mejor, por parte de un niño,
   una huerta, y una condición social favorecida;
  Conocer al menos una vida cuya existencia sea más fácil por causa suya. Esto significa tener éxito.

Earl Nightingale nos dijo: "El éxito es la realización progresiva de una meta valiosa. O en algunos casos la búsqueda de un ideal valioso." Su definición nos lleva a entender que cualquiera que esté en el camino hacia el cumplimiento de un objetivo ya está disfrutando de un éxito, cuando se permiten la libertad de aceptar el concepto. Para reforzar su definición, el Sr. Nightingale decía, *"Ahora bien, el éxito no radica en el logro de un objetivo, aunque esa sea la forma en que el mundo considera al éxito, sino en el camino que recorre hacia meta. Tenemos éxito, siempre y cuando estamos trabajando hacia algo que queremos lograr en nuestras vidas. Cuando el ser humano da su mejor esfuerzo. Eso es lo que* Cervantes quiso decir cuando escribió, *"El camino es mejor que la posada. Estamos en nuestro mejor momento, cuando estamos escalando, pensando, planificando, trabajando. Cuando estamos en el camino hacia algo que queremos lograr."*

Más recientemente, Jack Canfield nos dice que "La vida no son los logros, es el aprendizaje y el crecimiento, y las cualidades de desarrollo como la compasión, la paciencia, la perseverancia, el amor y la alegría, y así sucesivamente." Todos estos conceptos antes mencionados pueden asumir el papel de logros para las personas y a la vez ser los medios para alcanzar otras metas más tangibles o medibles. ¡Qué maravilloso sería poder vivir en un mundo en el que contribuyéramos para que se propagaran todos estos conceptos en los años por venir!

Recordando que el éxito es subjetivo, ya que mientras para unos puede ser escaso mientras que para otros puede ser opulento, no olvidemos que por lo que realmente estamos aquí es ir tras el secreto que la mayoría de nosotros lo consideramos como un éxito extraordinario. Vale la pena señalar, no obstante que darnos crédito por estos éxitos más simples y sin pretensiones nos pone en una buena posición para estar listo para un éxito extraordinario. El secreto del éxito de cualquier magnitud es en lo que uno cree que es. La complejidad se deriva de la simplicidad. Parece difícil de entender porque creemos que debe haber más que eso. Yo diría que la evasiva de lo que pensamos deberíamos fácilmente ver emanar desde el interior de cada uno de nosotros. Es personal y subjetivo en un grado mucho mayor de lo que es objetivo. Lo que el secreto es puede diferir considerablemente para cada uno de nosotros según el momento de la lectura y pensamiento que tengamos en esos instantes. Estudiar una de las metas, aclarando en nuestras mentes lo que significa el éxito para nosotros y aceptar que es un proceso y no un destino, hace que sea más fácil pensar en nuestra ruta hacia el secreto. El Deseo Ardiente fue una clave que el Dr. Hill repitió enfáticamente. Al establecer metas usamos ese deseo para medir nuestro éxito, por lo que tenemos que pensar en términos de nuestros verdaderos deseos ardientes.

Como un punto para reflexionar sobre el deseo ardiente, recuerdo cierto día, hace unos veinte años, cuando me encontraba visitando unos amigos y no pude evitar comerme con los ojos los barcos de lujo de un club de yates en la Columbia Británica. Uno tenía un encanto particular para mí y le tomé una foto, pensando que si algún día pudiera adquirir uno sería igual a ese. A menudo y con el paso de los años pensaba acerca del yate y me desilusionaba de mi misma por no haber cumplido mi meta de comprarlo. Me di cuenta un día que además de esa sensación de decepción habían en mi otros sentimientos extraños como: "¿Y qué hubiera hecho con él? ¿Dónde lo hubiera guardado? ¿Con que frecuencia hubiéramos podido usarlo? ¿Cuánto contamina un yate así? "

Todavía me encantan los yates y cualquier cosa que me haga sentirme cerca del agua y no envidio a nadie del placer que obtienen de ellos. ¡Qué alivio fue cuando un día me di cuenta que la decepción por no adquirir el yate era completamente irracional! Lo cierto era que nunca había tenido un ardiente deseo por ese yate. Se trataba más de una mezcla de emociones donde los pensamientos dudosos superaron en realidad mi deseo de adquirirlo. Me identifico con esta experiencia ahora y me doy cuenta como la comprensión sirve como una herramienta útil, para mí y espero que también para los demás, en la diferenciación entre lo que es un verdadero deseo ardiente con su meta asociada y lo que son los caprichos y la fantasía que popularmente se consideran como símbolos de éxito.

No se puede hablar de fracaso en no poseer un yate cuando la persona que lo ambiciona no tiene un ardiente deseo por poseerlo. ¿Tiene sentido? ¡Claro! y funciona con cualquier cosa que se pueda imaginar. No tiene por qué ser un yate. Puede ser el objetivo de tener una carrera o profesión, una meta financiera, una relación, las posesiones materiales, etc... Lo más probable es que tenemos menos problemas para averiguar cuál es el secreto y más problemas para averiguar cuáles son nuestras metas y los parámetros a utilizar para medir nuestro éxito.

El Dr. Hill nos instruyó a sintonizarnos con nuestros verdaderos deseos y a incorporar rigurosamente los principios que él desarrolló

149

para ayudarnos a encontrar maneras de dirigir nuestros pensamientos a la realidad. Todos los elementos de la filosofía se entrelazan entre sí y terminan teniendo una interdependencia o reforzando el efecto sobre los demás. Si bien puede ser descabellado esperar que todos los principios se lleguen a dominar, es evidente al analizar aquellas gentes que han logrado un éxito notable, su preocupación por dominarlos todos ya que al omitir cualquiera, aunque fuera temporalmente, propicia el debilitamiento de los esfuerzos. Centrándose en algunos principios más que en otros, no es lo mismo que omitir alguno. Es natural y conveniente gravitar en torno a los principios que sean más fáciles de seguir por parte nuestra. Hay un truco, sin embargo, de no dejar aquellos que requieran de más esfuerzo. El Dr. Hill nos dio ejemplos de la forma en que los individuos que se dedicó a investigar a lo largo de los años tenían diferentes fortalezas y se apegaban más estrictamente a unos principios que a otros.

Los principios con los que más me identifico son aquellas que están en la categoría de la integridad personal, incluyendo la regla de oro. Parte del secreto del éxito está en saber cuáles son los elementos de los principios que más eco hacen en cada persona y según sus metas individuales. Uno de los ejemplos de éxitos extraordinarios que cuenta el Dr. Hill es la historia de Arthur Nash, un sastre de Cincinnati, que usó su negocio casi en bancarrota para poner a prueba la fórmula del éxito. Después de haber investigado sobre el señor Nash para preparar este capítulo, me quedé asombrada al descubrir lo sobresaliente de la clara comprensión de Nash acerca del secreto. Cualquiera que esté buscando ideas o inspiración que les ayude para descubrir el secreto les puede resultar de utilidad el estudio de ésta su historia.

Una vez que tenemos una idea clara de cuáles son nuestras metas, debemos perseguirlas sin descanso y sin comprometer nuestra integridad moral, y considerando siempre el impacto que pueden causar nuestras decisiones y acciones en los demás que son afectados por nuestras palabras y nuestros pensamientos o, por lo que hacemos o dejamos de hacer. Al valorar nuestras decisiones en una escala de "¿Con que contamos para cada uno?" encontramos la guía que necesitamos para mantener el rumbo de la integridad en todas nuestras transacciones. Cuando cumplimos con nuestras metas y esto se traduce en ganancias netas para todos los involucrados, nuestro éxito se multiplica exponencialmente. Lo que tiene perfecto sentido en cuanto a normas humanitarias y de negocios. Entre más gente se beneficie de nuestras metas, es mayor la probabilidad de que tengamos éxito.

Cuando comprometemos la integridad o ideales, o si los efectos adversos de las medidas que se tomen para lograr las metas son mayores que los beneficios generales, entonces el fracaso más que el éxito será lo que se obtenga. Cuando predicamos nuestras acciones y decisiones sobre la inspiración y la fuerza motriz del quinto elemento de la fórmula de la autoconfianza de Napoleón Hill, avanzamos hacia nuestras metas de maneras que sean un reflejo de la combinación de los principios del Dr. Hill, promovidos como componentes necesarios para el secreto del éxito. El mensaje poderoso encerrado en sus palabras se puede utilizar como un barómetro personal, una brújula, un mapa, un comunicador y un propulsor, todo disponible a nuestras órdenes y con una aplicación más versátil que los dispositivos electrónicos más reciente de hoy en día.

Para aquellos que sufren de mala memoria, a continuación les recordamos lo que decía el texto del Dr. Hill:

"Soy plenamente consciente de que no hay riqueza ni posición que perdure mucho tiempo, cuando no se construye sobre la verdad y la justicia, por lo tanto, no me comprometeré en ninguna transacción que no beneficie a todos a quienes afecte. Tendré éxito atrayendo hacia mí las fuerzas que desee utilizar y la cooperación de otras personas. Induciré a otros a que me ayuden, por mi disposición de ayudar a los demás. Voy a eliminar el odio, la envidia, los celos, el egoísmo y el cinismo, mediante el desarrollo de amor para toda la humanidad, porque sé que una actitud negativa hacia los demás no me puede traer el éxito."

Seguir la receta del Dr. Hill no quiere decir que no vayamos a encontrar obstáculos en el camino. Tener retos y adversidades en nuestra vida, por supuesto, no equivale a fracaso. En su libro Enciéndase a Usted Mismo, Phil Taylor que es un querido amigo mío y una fuerza emergente en el campo de la autoayuda, incluye un capítulo sobre "El don de la adversidad." Nos dice con sus propias palabras, *"Miro hacia atrás y disfruto de ver mis dificultades, ya que han sido mis maestros, y han sido el motivo mismo que me impulsa hacia adelante en la búsqueda de estos dos principios que mejoran la vida."* Si estamos en busca de semillas de oportunidad en nuestros desafíos, mejoran nuestras perspectivas de éxito. En vez de lamentarnos por los problemas que nos trae cada adversidad que enfrentamos, debemos considerar que toda adversidad lleva consigo la semilla de igualdad o mayores oportunidades. Lo que si no es correcto es que esto se convierta en el disparo de salida de casi todos los productos y servicios con amplios dividendos lucrativos para aquellos que buscan aprovechar la oportunidad de encontrar una solución a través de una mentalidad "de lucrar con la exploración de nuestro interior"

Eso no quiere decir tampoco que sea fácil superar todos los desafíos que nos encontremos. Como ávidos lectores, posiblemente hayamos leído al Dr. Seuss en ¡Ah, los lugares a los que irás! allí nos dice que para triunfar tenemos que pasar por depresiones emocionales. Por eso tenemos que hacer acopio de valor y convicción para hacer lo que el Dr. Seuss llama brillantemente "remotivarnos a nosotros mismos." Por otra parte, esto bien podría ser la más útil información que puedo compartir con los lectores dada la buena fortuna de contribuir con este libro, ya que el Dr. Seuss es un motivador excepcional que claramente debe haber captado el secreto del Dr. Hill. La enorme colección de cuentos infantiles que creó me recuerda las enseñanzas de Malcolm Hillgartner y Robert Fulghum que tanto nos han inspirado a pensar en todo lo que necesitamos saber, y que aprendimos desde preescolar. Tampoco se debe desairar el compromiso con el aprendizaje permanente, pues los primeros años sientan las bases de nuestro éxito.

Retomando el tema de cómo "remotivarnos a sí mismos", cuando usted toma todo lo que tiene en la vida y lo pone en una balanza, y si lo que ama y no cambiaría por nada del mundo supera lo que necesita mejorar, considere esas bendiciones como éxitos y extraiga de ese poderoso lugar la fortaleza para salirse de la ruta equivocada y regresar de nuevo al camino hacia la consecución de sus metas. Cuando la balanza señala hacia el otro sentido, se requiere entonces de un esfuerzo aún mayor y en cuyo caso es conveniente aprender de los ejemplos de los demás. Una característica del secreto es que todos somos exitosos hasta que renunciamos a continuar. Aprendemos de nuestras adversidades y encontramos en ellas las oportunidades que existen para hacer del mundo un lugar mejor para nosotros y para los demás.

Todavía podemos vivir los sueños que imaginamos, incluso en aquellos días en que las cosas no resultan como quisiéramos. Estamos exactamente donde debemos estar por la consecuencia de las decisiones que tomamos a lo largo del camino. Elegir rodearnos de personas que admiramos y que nos inspiran a querer ser mejores, nos fortalecen nuestros medios para avanzar hacia nuestras metas. Tenemos que rodearnos de suficiente influencia positiva para lograr un mayor impacto en nosotros sin importar las influencias negativas que ronden en nuestro entorno. Alimentándonos diariamente con un fortificante de inspiración, podemos encontrar la fuerza que necesitamos para impulsarnos hacia nuestros objetivos y no sólo protegernos de las influencias negativas, sino prepararnos para tener una influencia positiva sobre los demás, que a su vez valorarán este liderazgo. Cuando tenemos la conciencia tranquila, y podemos mirarnos al espejo y sonreír con orgullo, estamos en el camino correcto para encontrar el secreto y cualquier cosa extraordinariamente exitosa que creemos podemos lograr.

A decir verdad, el secreto puede aparecer ante nosotros en cualquier página del libro, ya que reside en nuestros propios pensamientos e ideas, y destinado a proyectarse en algo ante nuestros ojos. Definitivamente hay una mayor probabilidad de que el secreto "salte" ante nosotros mientras estemos leyendo **Piense y Hágase Rico**, porque los principios sistematizados del Dr. Hill son una excelente herramienta para evocar cualquier cosa en la que creemos que es el secreto y de la forma como definimos el éxito, y ambos vienen desde nuestro interior. Una vez que la idea se cristaliza en nuestras mentes, el éxito será inevitable cuando nos apegamos a los principios. El secreto está en mantener claramente cristalina la idea y mantener el rigor y la constitución personal que se requiere para cumplir consistentemente con los principios.

Leer **Piense y Hágase Rico** por lo menos tres veces, es lo que sugiere el autor, nos ayudará a abrir nuestras mentes lo suficiente y a establecer o infundir en nosotros el hábito y la fuerza de convicción que necesitamos para perseguir sin descanso el éxito. Mediante la inmersión de nuestra actitud mental en las influencias positivas, cumpliendo con el credo de que "un derrotista nunca gana y un ganador nunca se rinde" y comprometiéndonos cada momento de nuestras vidas que las consecuencias de nuestros actos beneficien a los demás, el así llamado secreto hacia el éxito llega a ser tan evidentemente visible, que nos deja preguntándonos cómo pudimos haber pensado que habrían obstáculos que no eran realmente peldaños hacia los extraordinarios éxitos que vemos en los logros de las demás personas que admiramos. En lo que aportamos para tratar de hacer de este mundo un mejor lugar para todos, no podemos dejar de lado mejorar también nosotros mismos.

La esencia misma del éxito es la búsqueda incesante del mismo. Por así decirlo, tenemos que dejar que el éxito suba a nuestras cabezas, aunque no en sentido figurado. Quizá, para más exactitud, tenemos que dejar que el éxito venga de nuestras mentes en forma de ideas que creemos serán útiles para el mundo en que vivimos. Después de todo, como dijera el Dr. Hill en otro capítulo de **Piense y Hágase Rico**, "lo lo que la mente puede concebir y creer, lo puede lograr." Esta cita es hermosa. ¿Celebramos?

Acerca de Kathleen Betts

Kathleen Betts forma parte del Consejo de Administración del periódico sin fines de lucro, Good News de Toronto. Como trabajadora independiente y bloguera dice tener la misión de compartir historias que inspiren la integridad y motiven la buena voluntad hacia los demás. Actualmente vive en Scarborough, Canada con su esposo Mike y cuatro preciosos hijos, con el compromiso personal de ayudar a ellos y a otros jóvenes estudiantes, así como adultos, que estén dispuestos para aceptar y beneficiarse de la filosofía de Napoleón Hill. Le puede escribir en los sitios web: www.goodnewstoronto.ca o tripsr4kids@rogers.com.

Hay una diferencia entre desear algo y estar preparado para recibirlo. Nadie está listo para recibir algo hasta que la persona cree que puede obtenerlo. El estado mental debe ser la creencia, no simple esperanza o deseo. Una mente abierta es esencial para creer. Las mentes cerradas no inspiran fe, valor y creencia.

—NAPOLEÓN HILL

¿Cuál es el Secreto en Piense y Hágase Rico?

por
Rajiv Mathews George, PCC, CPC
Kuala Lumpur, Malasia

"En una época de cambios drásticos, los principiantes heredan el futuro. Los sabios por lo general se encuentran equipados para vivir en un mundo que ya no existe. "

–Eric Hoffer

Me sentí atraído a leer **Piense y Hágase Rico**, cuando vi que el libro circulaba por toda la India. Al principio, pensé que era un truco de marketing para convertir en rico al autor.

Después de 12 años de estudiar y trabajar en los Estados Unidos, resumo la historia de mi vida en una simple frase, "El Ascenso y Caída de Rajiv Mathews - El Tigre del Agua." Lo he perdido todo en mi vida, la riqueza personal y posesiones, mi mujer me abandonó. De pronto me vi sin familia, sin dinero y sin hogar.

El punto de inflexión llegó cuando me invitaron a asistir a un previo de la Asociación Napoleón Hill (NHA), en Malasia en el año 2003. Desde entonces he invertido 12 semanas en el Programa Habitizing, 6 meses en la Ciencia del Éxito (PMA), Certificación de Instructor en NHA, y Certificación en Piense y Hágase Rico en NHA, Kuala Lumpur.

Mi gran logro de haber leído **Piense y Hágase Rico** 30 veces en diez años me ha traído las 12 riquezas y he ido transformándome desde el año 2001. El Sr. Joe Dudley, a quien conocí en la Convención Internacional Napoleón Hill ha leído **Piense y Hágase Rico** ¡300 veces! Mi sueño se hizo realidad en 2010 cuando estaba entre los 10 mejores instructores de Malasia. Fui el cuarto instructor de Malasia en ser acreditado por la ICF, la mayor autoridad en entrenamiento profesional en el mundo. Mi negocio ha crecido a través de un sistema de referencia activo.

La transformación la experimentan mis alumnos, estudiantes y participantes, pero sobre todo yo mismo. Ahora, mantengo a mi madre, viajo por todo el mundo, disfruto de la cocina deliciosa y me mantengo saludable. También estoy rodeado de muy buenos contactos. He administrado exitosamente "el estado de mi mente" y sigo centrándome en mis grandes sueños, seguí mi fórmula del éxito para cambiar mi vida y de todas las personas para ser mejores. El regalo más grande es vivir en paz y feliz y cada momento al máximo. Sinceramente debo mi gratitud al Dr. Hill, a la Fundación Napoleón Hill y la Asociación Napoleón Hill.

Desde el año 2001, me siento orgulloso de ser director general de *Global Harvest Resources Sdn. Bhd & Empower Coach Concepts* que se especializa en Coaching de Ventas y Juego Interior. En 2004, descubrí mi Propósito Definido Principal y me dí cuenta de mi vocación de empoderar a la gente a través del coaching. Soy del primer grupo de entrenadores certificados en Malasia, y reconocido por la *International Coach Federation.*

Creo que a través de compartir se recibe más.

Recordemos ahora algunas aplicaciones del código del SECRETO:

1. Es usted la persona más importante de este mundo. Debe CREER EN USTED MISMO y poder avanzar.

2. Es usted único y su vida está exclusivamente diseñada para tener éxito. Debe aplicar su propia fórmula para lograrlo.

3. Viaje por la travesía feliz de ser exitoso. No hay ningún atajo. El éxito es una travesía no un destino.

4. Nada sucederá a menos que actúe. SI NO HAY ACCIÓN, NO HAY ÉXITO.

Si usted tiene una nueva meta, es necesario leer **Piense y Hágase Rico** porque revela un enfoque diferente para tener éxito en sus metas. Como pueden ser, el buscar un nuevo trabajo, iniciar un nuevo negocio, el cambio de dirección de su vida, recuperarse de un problema de salud, trabajar en un proyecto nuevo, casarse, etc.

Piense y hágase rico me reveló el S.E.C.R.E.T.O. para avanzar en mi vida. Son las SEMILLAS para COSECHAR ÉXITOS. ¿Está **listo** para su aplicación?

EL CÓDIGO SECRETO EN PIENSE Y HÁGASE RICO

AUTODISCIPLINA
ENTUSIASMO
CAPACIDAD
RESPONSABILIDAD
EDUCACIÓN

Los principios antes mencionados están conectados. Estos son los resultados de aplicar los principios del éxito de la filosofía de Napoleón Hill

A. AUTODISCIPLINA

Napoleón Hill dice que esta cualidad comienza con el dominio de los pensamientos. La autodisciplina es en última instancia, el desarrollo y aplicación de los hábitos positivos que se necesitan crecer. No hay nadie que no haya dominado la autodisciplina. La mayoría de la gente es proclive a sentirse atraída por actividades divertidas y fáciles. La persona autodisciplinada enfrenta los desafíos con probabilidad de mayores recompensas. Un ejemplo clásico es el de Thomas Edison cuando inventó la bombilla.

Indicadores Clave del Desempeño de la Autodisciplina
Gestión x Conocimiento

Mi experiencia:

Mi meta era ser un Coach Profesional Certificado. Y comprometí tiempo, esfuerzo y dinero para lograrlo. Adquirí el **conocimiento** y **gestioné** la información intencionalmente a efecto de ser un Coach efectivo. Después de cinco años en mi grupo de Mente Maestra, soy capaz de reforzar los hábitos positivos para ser un especialista en Coaching de Ventas.

Preguntas:

1. ¿Qué conocimiento está usted buscando en el proceso de alcanzar su éxito?

2. ¿Qué le hace ser un especialista en su área de trabajo?

3. ¿Cómo maneja el conocimiento para alcanzar metas personales para un propósito mayor?

B. ENTUSIASMO

Napoleón Hill afirma que el Entusiasmo inspira a la acción. Es la más contagiosa de todas las emociones.

El entusiasmo es la fe en acción. Es la emoción intensa conocida como deseo ardiente. El entusiasmo viene desde dentro e irradia hacia el exterior en una expresión de voz y rostro. El entusiasmo es poderoso cuando se transmuta en acción a través de la fe.

La llama del entusiasmo arde en el interior de usted. Cambie sus pensamientos en acción. Esta es la lección de Rajiv con base a la filosofía de Napoleón Hill

Indicadores de éxito del Entusiasmo
Interés x Acción

Mi Experiencia:

No había muchos coaches (entrenadores) en el año 2000. Me comprometí a convertirme en coach porque era mi interés y vocación en la vida. Para ello aprendí e investigué métodos de entrenamiento. Tomé la **acción** deliberada de ofrecer entrenamiento gratuito que incluía la gratuidad de 150 horas. Mis honorarios de tutoría se dispararon a más del 500% en sólo tres años.

Preguntas:

1. ¿En qué carrera está usted interesado para cumplir sus sueños?
2. ¿Cuál es su nivel de interés (rango: 1 = bajo y 10 = alto)?
3. ¿Qué acciones va a tomar para activar sus intereses?

C. CAPACIDAD

Napoleón Hill dice que la capacidad viene de la imaginación. Esta es la única cualidad necesaria para combinar los conocimientos especializados con las ideas y planes organizados para producir riqueza.

Indicadores de Éxito de la Capacidad
Compromiso x Deseo

Mi Experiencia:

Me he **comprometido** incansablemente en el diseño y desarrollo de programas de entrenamiento para traer conocimiento, creación de propósitos, empoderamiento del potencial y traer transformaciones en la vida de las personas desde hace diez años. El resultado es la capacidad para desarrollar ideas, técnicas y procesos para activar resultados. Mi negocio está construido sobre las referencias y definitivamente me ha atraído a la riqueza. Mi trabajo era un reflejo de mis **deseos**, que trajo la satisfacción de completar una tarea y la realización para la gente con que he trabajado.

Preguntas:

1. ¿Qué lo hace estar comprometido hacia su meta?
2. ¿Cuáles son los resultados que quiere lograr?
3. ¿Qué hace para poner en práctica sus deseos en su trabajo diario?

D. RESPONSABILIDAD

Napoleón Hill dice que raramente están juntas las Grandes Pagas a cambio de Pequeñas Responsabilidades. Afirma que los grandes logros por lo general nacen de grandes sacrificios, y no es el resultado del egoísmo. Todo el mundo quiere algo por nada, pero por desgracia la vida no funciona de esa manera. Un gran logro requiere de un gran trabajo y sacrificio.

Indicadores de Responsabilidad
Gestión x Satisfacción

Mi Experiencia:

Una de las cosas en las que me he enfocado es el **manejo** de mis pensamientos, mis decisiones y mis creencias en dirección a mis metas y sobre una base de propósitos diarios (dar pequeños pasos lo llevará a saltos gigantes). La administración del tiempo y las decisiones de las gentes con las que quiere trabajar se vuelven absolutamente importantes. En lo personal he administrado mi tiempo y la gente hacia mis áreas de desarrollo, especialización y cumplimiento. Siempre cambio mi enfoque de "Lo que no quiero" hacia "Lo que quiero." Me concentro en soluciones en lugar de hundirme en los problemas. Y sigo luchando por mejores valores y la felicidad de mis clientes y amigos.

Preguntas:

1. ¿Qué hará para administrar su tiempo, sus decisiones y su gente hacia sus metas y el cumplimiento de metas?
2. ¿Qué lo hace feliz? ¿Cómo lo aplica en su vida diaria?
3. ¿Qué cambios necesita hacer para volverse más eficaz en su administración y cumplimiento?

E. EDUCACIÓN

Napoleón Hill afirma que la educación viene desde el interior de uno mismo. Usted debe poner más esfuerzo y pensamiento en el proceso. El hombre que organiza y dirige un grupo de Mente Maestra que procese conocimientos útiles en la acumulación de dinero, equivale a lo mismo dentro del grupo cuente o no con educación.

Thomas A. Edison sólo tuvo tres meses de educación formal durante toda su vida. Pero, no carecía de educación ni era pobre.

Indicadores de Éxito de la Educación.
Conciencia x Acción

Mi Experiencia:

El cambio comienza con la conciencia y no la educación. Uno debe esforzarse por ubicar aquello que lo lleva a las tristezas y pérdidas, es decir, sus creencias autolimitantes. Ser un miembro de mi grupo de Mente Maestra desde hace 5 años me ha permitido minar mis creencias autodestructivas. Esto involucró tomar acciones, iniciativa en liderazgo de Mente Maestra, habilitar proyectos, etc. Dentro del grupo no hemos escatimado esfuerzo, tiempo y dinero para el aprendizaje continuo en los libros seleccionados. El resultado es fantástico. Atraigo a las riquezas.

Preguntas:
1. ¿Qué necesita hacer para educarse más?
2. ¿Cuáles son sus miedos? ¿Cómo lo va a resolver?
3. ¿Qué lo detiene de entrar en acción? ¿Qué necesita hacer para cambiar?

F. PENSAR

Napoleón Hill dice que "Somos lo que somos, a causa de las vibraciones del pensamiento que se recogen y registran, a través de los estímulos de nuestro entorno cotidiano."

De acuerdo con Earl Nightingale "Nos convertimos en lo que pensamos todo el día,"

Indicadores de Éxito de Pensar
Creencia x Conciencia

Mi Experiencia:

A través de mi experiencia, el poder del cuestionamiento me ha movido hacia delante. Era importante desafiar mis creencias y continuar purificando mis pensamientos para construir mi **conciencia**.

El objetivo principal de la lectura de Piense y Hágase Rico no es el libro en sí mismo, sino purificar los pensamientos en el proceso de atraer la riqueza. Sólo se puede "ser alguien" teniendo un **Propósito**, un **Proceso** y poniéndolo en **Práctica** (las 3 P) en todo lo que se hace. Este es el secreto más grande para mí.

Preguntas:

1. ¿Cuáles son sus creencias después de leer **Piense y Hágase Rico**?
2. ¿Cómo planea reorientar sus pensamientos?
3. ¿Qué piensa diariamente con respecto a lo que quiere lograr?

Acerca de Rajiv Mathews George

Rajiv Mathews George es Director General de Harvest Global Resources Sdn.Bhd situado en Kuala Lumpur, Malasia, y su especialidad es como Coaching en ventas. También es Coach Profesional Certificado (PCC) por la Federación Internación de Coaches (ICF) y es además Instructor Certificado por la Asociación Napoleón Hill de Malasia. Puede escribirle a la siguiente dirección:
rajiv.mathews@harvestglobalresources.com.

El Secreto de Napoleón Hill

por
John A. Cramer
Houston, Texas

I. INTRODUCCIÓN

Más de veinte años han pasado desde que leí por primera vez, **Piense y Hágase Rico** de Napoleón Hill. Y durante todo ese tiempo, mi comprensión del secreto no ha dejado de evolucionar y estar cambiando. El viaje ha sido para mí más como un juego del gato y el ratón. Justo cuando creía descubrir el secreto, resultaba falsa la pista y tenía que enfocar mi atención inevitablemente en otro sitio en donde pensaba que estaba.

A veces, me esforzaba y confundía. Quizás por la necedad de encontrarlo. Tal vez porque aún no estaba preparado para descubrirlo. A menudo, caía en la frustración y la ira por no lograrlo. En un momento pensé que no podría ser un secreto en absoluto, sino sólo una broma que le jugaba a sus lectores el Dr. Hill. Sin embargo, nunca perdí la fe en el deseo de encontrarlo. A pesar de que ya había alcanzado cierto grado de éxito en mi carrera y vida personal, sabía muy en el fondo que era capaz de lograr más.

II. SECRETOS "PASADOS"

Al principio, pensé que el secreto radicaba en el deseo y la fuerza de voluntad para no reconocer el fracaso. En el segundo capítulo de su libro, Hill ofrece un proceso de seis pasos para "convertir el deseo en oro." Esto resonó en mí. Yo ya había aplicado el proceso con bastante éxito temprano en mi carrera antes de que incluso me diera cuenta de que ya había logrado resultados sorprendentes.

Durante un tiempo me enfoqué en evitar las treinta y un causas importantes del fracaso. Estas "reglas de oro" me dotaron de la estructura y objetivos. Después de eso, entré a un nuevo nivel de conciencia, pensando que el secreto estaba realmente sobre el poder de la fe y la autosugestión. Y, hasta hace poco, estaba convencido de que el secreto tenía que ver con la perseverancia.

Cada vez que "redescubría" el secreto, exclamaba "¡Ajá!" y daba por hecho que *realmente* ese momento le daba sentido a mi vida. Y, no dejaba de pensar en las cosas maravillosas y sorprendentes que sucederían lo que reforzó y confirmó mi comprensión de los principios en juego.

Reconociendo esto, he llegado recientemente a una nueva conclusión: el secreto se nos muestra solo en la forma que nuestra capacidad pueda percibirlo y tenerlo. Pareciera como un test de Rorschach. El secreto es un reflejo de lo que la mente está dispuesta a aceptar. Hill dijo, "*Nadie está preparado para una cosa hasta que cree que puede obtenerlo.*" Eso va para el secreto también. Y, en mi propia experiencia, cada vez que creí que lo obtenía, el secreto se manifestaba según mis propios términos, y sólo en la medida en que yo estaba dispuesto a aceptarlo.

III. ¿PARA MI CUÁL ES EL SECRETO ACTUALMENTE?

Entonces, ¿cuál es el secreto del que habla Napoleón Hill? Todos los que han leído el libro están familiarizados con las posibles pistas que están en su prólogo, o sea, que el secreto se presenta en dos partes, una de las cuales ya está en posesión de aquellos que están preparados para ello. Hill, escribe: "*No ha sido nombrado directamente, ya que parece que funciona más exitosamente cuando se trata simplemente de descubrirlo y quede a la vista, en donde aquellos que están listos y en su búsqueda, puedan recogerlo.*"

Con los años, he llegado a una comprensión más sencilla y más directa del secreto. De hecho, Hill no perdió tiempo en expresar la esencia del mismo. El secreto aparece en la primera frase del primer capítulo del libro. "*En verdad, los pensamientos son cosas, y cosas de gran alcance cuando se mezclan con un propósito definido, la perseverancia, y un deseo ardiente por convertirlos en riquezas, u otros objetos materiales.*"

Hay tres componentes por excelencia en la fórmula del secreto, y son el pensamiento, la emoción y la acción. El grado de éxito obtenido, o adquirido en forma material, es una función multifactorial de los tres componentes. Estos incluyen la *claridad* y el *detalle* de la idea, el *poder de creer nosotros en ese pensamiento y* su alineamiento con el propósito correcto; la intensidad de la emoción asociada *expresada positivamente* y que se mueve *hacia el resultado deseado*; y finalmente la *energía acumulada* de la acción *realizada por el individuo* en la consecución del objetivo previsto.

El Pensamiento, la emoción y la acción no actúan independientemente unos de otros sino que coexisten en un ambiente cibernéticamente interconectado. Cada uno tiene la capacidad de influir y ser influido por el otro. Dicho de otra manera, lo que pensamos influye en lo que sentimos y hacemos. Lo que sentimos impulsa a lo que pensamos y hacemos. Y, lo que hacemos impulsa a lo que pensamos y sentimos. Al enfocar y cambiar un elemento, podemos influir y cambiar los otros dos. Esto nos permite la posibilidad de aplicar el secreto desde tres diferentes aspectos o estados mentales. Aquellos que "piensan" a su manera para tener éxito le permiten a sus pensamientos que impulsen sus sentimientos y acciones. En cambio los que "sienten" sus deseos y sueños usan su corazón para impulsar el pensamiento y la acción. Y, aquellos que actúan de manera decisiva en el avance hacia su objetivo piensan y sienten a través de su acción.

Lo que el secreto del Dr. Hill revela es que si alineamos el pensamiento, la emoción y la acción hacia un propósito unificado, los tres aspectos triangulan con el objetivo deseado. Y la energía concentrada que fluye hacia ese objetivo crea una fuerza magnética que atrae y manifiesta el resultado anhelado.

Mirando hacia atrás en mi vida, puedo ver un arco en el desarrollo de mi conciencia. Puedo señalar experiencias en donde cada uno de estos aspectos ejercía dominio en diferentes momentos, guiando a los otros dos aspectos hacia un propósito unificado. Cuando mi edad rondaba los veinte años, la pasión y la emoción es lo que impulsaban mis pensamientos y acciones. En mis treintas y primeros años de los cuarenta, me apoyaba en la acción para guiar a mis sentimientos. En los últimos años de mis cuarenta, me enfoqué en los pensamientos y creencias, muchos de las cuales eran para manejar emociones negativas y comportamiento disfuncional. A los cincuenta tuve un despertar espiritual y reconocí el poder de la fe y la autosugestión. Ahora, tres años más tarde, mi atención ha cambiado una vez más, y esta vez para centrarme en optimizar la integración de los tres aspectos alineados en un contexto de propósito adecuado.

Los siguientes son tres ejemplos de mi vida que ilustran cómo apliqué el secreto desde varios puntos dentro de la progresión del arco. En cada caso, independientemente del aspecto dominante, comprobé que cuando los tres aspectos se alinearon con un propósito unificado, conseguí alcanzar mis objetivos. Pero primero una advertencia al lector: tenga cuidado con lo que pida. Como pronto se dará cuenta, el éxito según yo no garantiza necesariamente la felicidad.

IV. DESEO: ¡CUANDO LA PASIÓN DOMINA!

Hasta donde recuerdo siempre albergué una fuerte pasión por los viajes. En la secundaria soñaba con pasar un año en el extranjero como estudiante de intercambio. Mi familia no contaba con recursos. Pensar en Vacaciones a Europa era algo fuera de discusión, y mucho menos el costo de pasar un año en el extranjero. Cada año que pasaba, crecía más fuerte mi urgencia por salir de casa e ir a Europa. Y aún sentía el presentimiento de que algún día lograría conseguir mi sueño.

Aprendí a tocar el violín a una edad temprana. Resultó que en realidad tenía talento para el violín y eso me sirvió de mucho, tanto en el bachillerato como en mis días de la universidad. Tenía muy buena destreza, al menos la suficiente para ganar varios concursos. Rápidamente me gané la reputación de ser un violinista competente y comencé a actuar profesionalmente antes de que terminara el bachillerato.

Tocaba por mi cuenta por las tardes y los fines de semana en orquestas, cuartetos de bodas y conciertos de música durante vacaciones. Conseguí un trabajo como violinista en una popular banda local conocida como "Los gitanos." Tocábamos música popular tradicional, gitana, y hasta música clásica en varios restaurantes de lujo. Tocábamos dos o tres noches por semana recorriendo las mesas de los comensales, disfrazados y hablando con acento europeo. De hecho, nadie creía que nosotros fuéramos realmente gitanos, pero nos divertíamos muchísimo y con nuestras bromas hacíamos reír a la gente. Era muy bueno para esquivar a los meseros con sus grandes bandejas de servir, prendíamos a los clientes improvisando melodías solicitadas, y hacer esto nos dejaba muy buenas propinas. El trabajo era fantástico y financieramente gratificante. Me pagaban $ 50 dólares por noche, más propinas. A mediados de los setentas, el salario mínimo era sólo $ 1.65 por hora. Por lo que ganar $ 150 a $ 200 dólares por semana era muy buena paga, y para cuando concluí mi primer año en la universidad, ya había ahorrado suficiente dinero para comprar un coche usado, asistir a una Universidad del Estado, y decir adiós a Houston.

En mi segundo año, me transfirieron a la Universidad Estatal de Illinois. El área de alojamiento del campus me ubicó en el

Alojamiento Internacional, que era un programa de dormitorios especiales para estudiantes extranjeros. Me pareció divertido que el sólo hecho de venir de otro estado me diera el estatus para pertenecer a esta área. Y muy pronto me di cuenta del tremendo valor que tenía poder vivir en esta zona de dormitorios. Conocí a estudiantes de todo el mundo, conocí de diversas culturas, y aprendí acerca de sus alimentos, historia y costumbres sociales. Estas experiencias alimentaron aún más mi deseo de viajar. Como un futuro "ciudadano del mundo" tenía que saber de estas cosas.

Había un programa de intercambio con una universidad de Alemania. Los estudiantes invitados a participar en el programa se les financiaban los costos de colegiatura obligatoria por un año mientras estuvieran estudiando en el extranjero. Yo estaba tan convencido de estudiar en Alemania, que me inscribí en un curso intensivo de alemán que era de dos semestres y lo hice en uno solo, y estudie durante año y medio para prepararme para el programa. Había varios estudiantes alemanes que vivían en la zona internacional y por lo mismo yo aprovechaba todas las oportunidades para practicar el idioma con ellos. Tomé más cursos de alemán y ya para mi último año, había ganado suficientes créditos en el idioma que no dudé en aplicar para el programa de intercambio. Mis habilidades en el idioma aún eran algo limitadas y dos de mis profesores no estaban completamente convencidos de que estuviera listo para un año en el extranjero. Mi perseverancia y confianza finalmente los convencieron y fui seleccionado para participar en el programa. De manera inesperada, sin embargo, el programa fue cancelado poco antes de que fuera a realizar mi viaje. Yo estaba tan convencido de que iría que no podía aceptar este resultado. Me negué a creer que esto me detendría en mi propósito.

Más decidido que nunca, encontré otra manera de llegar a Europa. Me gradué un semestre antes, regresé a Houston y pasé la primavera de 1979 tocando en una orquesta de gira con un teatro de ópera regional. También audicioné y recibí una beca para asistir a un programa musical de verano en Graz, Austria. El programa cubría todos mis gastos durante seis semanas. Todo lo que necesitaba era dinero suficiente para cubrir el vuelo y gastos imprevistos. El programa había sido diseñado para jóvenes americanos cantantes e instrumentistas que estuvieran en busca de oportunidades profesionales en Europa. Decidí que ese iba a ser mi vehículo para lograr mi meta, no como estudiante de intercambio, sino como un músico profesional.

Al final del programa, el dinero comenzó a agotarse. Y necesitaba de alguna manera llegar con suficiente dinero para subsistir en lo que conseguía un empleo. Mi deseo de vivir en Alemania era tan fuerte, y la emoción tan intensa que consumía mis pensamientos y me llevó a tomar medidas drásticas. En un instante, tomé una decisión audaz de intercambiar mi boleto de regreso de avión a cambio de $ 350 dólares en efectivo. Me negué a pensar en las consecuencias que traería no regresar a casa. Sabía que iba a encontrar una manera de hacer este trabajo. Parafraseando a Napoleón Hill, quemé el puente y quedé sin forma posible de regresar. ¡Tenía que ganar o morir!

El deseo de permanecer en Europa había llegado a ser tan abrumador, que me condujo a esta acción y mi mente estaba en perfecta alineación con el objetivo. Cerré todos los demás pensamientos de duda y temor, y fui impulsado por un fuerte sentido de convicción de que esto era lo correcto de hacer en el momento adecuado. Cada vez que los pensamientos negativos me invadían, me encargaba de ahuyentarlos de mi mente con un "¡Fuera de aquí! Están equivocados! ¡Voy a demostrarles a todos que puedo lograrlo! ¡Llévense a todos esos pesimistas que dudan de mí o que creen que no puedo! "Era la obstinación y el deseo ardiente de "demostrarles" que la alineación se llevaría a cabo de cualquier manera.

Salí de Austria y me dirigí a Munich. En el centro de la ciudad había una gran plaza pública. Estando allí, divisé a un joven sentado a la distancia, tocando la guitarra y la armónica. Estaba rodeado por una multitud de jóvenes, la mayoría estudiantes universitarios que usaban pantalones vaqueros y fumaban cigarrillos que ellos mismos hacían. Le oí cantar el estribillo de una canción popular de la época, "la respuesta, amigo mío, está en el viento...." Me acerqué a la multitud para ver más de cerca. Algunas chicas estaban cantando y aplaudiendo junto con la música. Era todo un ambiente festivo. Todo el mundo parecía estar pasándola muy bien, incluido yo mismo. A los veintiún años, yo parecía como cualquier otro joven estudiante, bohemio y encajaba bien el grupo. Miré el estuche de guitarra abierto. Sólo había unas pocas monedas en ella y noté que nadie le daba monedas. Me sentí mal por él. Él sin duda se desvivía por deleitar al público, pero esta gente no correspondía con dinero. Y de repente, la inspiración me golpeó como un rayo y me apresuré a volver a mi hotel. ¡Tenía un plan!

Yo viajaba con una maleta y un violín. En la maleta habían jeans, camisetas, una camisa de vestir, y! un esmoquin...! Rápidamente me duché y me puse el smoking, con moño y fajín, agarré el violín, y regresé a la plaza. El guitarrista y su grupo estaban todavía allí, así que me fui al otro lado de la plaza, lo más lejos de ellos como pude. El talento que adquirí como violinista gitano estaba a punto de redituarme dividendos. Vestido con ese traje formal, me puse a interpretar valses de Strauss, Brahms danzas húngaras, Mozart y Beethoven. Tocaba melodías y canciones admiradas de los años 50 y populares operetas alemanas.

La multitud allí presente se reía de mí. No me tomaban en serio. "¡Qué cretino!" Deben haber pensado. Eso no me detuvo. Seguí tocando con todo mi corazón y una cosa increíble comenzó a suceder. Las mujeres alemanas de mediana edad que pasaban por el lugar se detenían a escuchar por un momento y acto seguido tiraban monedas en el estuche del violín. Un montón de monedas. Las personas mayores se detenían a escucharme tocar "El Danubio Azul" y sonreían. Pronto, las monedas fueron superadas en número por los billetes y esto me obligó a tener que limpiar periódicamente mi estuche de todo el dinero que seguían juntándose. Algunas de estas damas se derretían con la música y no dejaban de elogiarme por "mantener viva la cultura". ¡Era como quitarle un caramelo a un bebé! ¡Yo no podía creer lo que estaba pasando! Toqué en la plaza todo un día y medio, logrando reunir el equivalente alemán a $ 300 dólares.

Esta era la prueba de que el universo me estaba diciendo que procediera con mis planes. Y seguí adelante, más convencido que nunca de que mi sueño estaba a punto de hacerse realidad. Y, a las dos semanas y con una sola audición, conseguí un puesto de concertista en una pequeña orquesta de teatro de ópera en Giessen, una pequeña ciudad al norte de Frankfurt. Me mudé allí inmediatamente y actué en la orquesta durante cinco temporadas. Y en todo ese tiempo, no sólo aprendí a hablar alemán con fluidez, sino que conocí a mi esposa, me casé, viajé y actué extensamente por todo el continente.

V. CUANDO LA ACCIÓN ES EL REY

Después de cinco años de vivir mi sueño, de alguna manera se agotó la emoción. Perdió su encanto y yo ya no sentía la pasión que alguna vez tuviera de vivir en Europa. La economía alemana pasaba por un lento crecimiento y las tensiones políticas comenzaban a caldearse. Mi esposa y yo queríamos regresar a Estados Unidos y formar una familia. Ya era hora de seguir adelante. Nos asentamos en Houston, en donde todavía tenía familia. La economía de Houston a mediados de los 80 era aún peor que la de Alemania. Todas las organizaciones artísticas en la ciudad sufrían grandes recortes de fondos y prácticamente sólo se mantenían a flote. Durante dos años, trabajé por mi cuenta en la ciudad. Las oportunidades de trabajo se estaban agotando y yo me sentía cada vez más frustrados por la falta de oportunidades. Tocar el violín ya no me energizaba. Por el contrario, se minaba esa energía. Ya no me generaba ningún placer. Empecé a temer ir a ensayos y conciertos. Nuestra situación financiera en el país era muy preocupante. Apenas se ganaba el dinero suficiente para el pago inicial de una casa pequeña. Poco después nos mudamos y nació nuestro primer hijo. Los sueños de una carrera de concertista fueron sustituidos por el miedo, la ansiedad y el estrés. Tomé todos los trabajos que pude encontrar. Pero sabía que esta situación ya era insostenible.

Yo gravitaba más hacia la parte izquierda de mi cerebro y lejos del corazón. Y es que mi pasión no iba a pagar las cuentas. Tenía que "pensar" en cómo salir a mi manera de esa depresión en la que me encontraba. Los timbres de alarma sonaban a mí alrededor y mi preocupación seguía creciendo. Hice hasta lo imposible por desterrar esos sentimientos lejos de mí. Me refugié en el pensamiento racional, lejos de la emoción. Era hora de que creciera y me comportara como un adulto. Encontré consuelo en la lógica y la estructura. Busqué reglas para encontrar sentido y orientación, y aprendí a confiar en ellos más que en la intuición.

Fue durante este periodo de mi vida, cuando leí por primera vez **Piense y Hágase Rico**. Aunque al principio la sección sobre el deseo me pareció muy familiar (después de lograr intuitivamente mi meta de vivir en Europa), fueron las "Treinta y Un Causas del Fracaso", de Napoleón Hill, lo que resonaba en mí como si fueran los Diez Mandamientos. Estaba ante un libro de instrucciones para evitar el fracaso. Siguiendo estas reglas, podría reinventarme, cambiar mi profesión musical financieramente en peligro por otra profesión que me garantizara mayor seguridad y protección para enfocarme en generar riqueza.

Y fue así, en otra decisión audaz y con el apoyo total de mi esposa, que me inscribí para tomar clases y aprender programación de computadoras. Esto implicaba seis meses de ser estudiante nuevamente de tiempo completo, y durante ese tiempo, tendríamos que arreglárnosla para subsistir con los ingresos de mi esposa como secretaria ejecutiva. Sabía que sería difícil para mí seguir trabajando independientemente mientras estuviera en la escuela, por lo que renuncié a todos los grupo en los que tocaba musicalmente. Mi salida de la música provocó reacciones inesperadas y negativas en muchos de mis colegas. Algunos sintieron que estaba traicionando a mi arte. Otros me acusaron de venderme a la avaricia corporativa. Algunos incluso tomaron mis acciones como algo muy personal y le pusieron fin a relaciones de amistad de muchos años. Esta decisión fue otro momento de "quemar puentes" y no retroceder.

Seis meses pasaron muy rápido y demostré ser de rápido aprendizaje. En comparación con aprender alemán, los lenguajes de programación no resultaron difíciles para mí. Me deleitaba en las construcciones mentales de la lógica del software. En el momento de terminar la escuela, ya había desarrollado un plan de acción con una hoja de ruta sobre cómo iba a aumentar mi potencial de ingresos. Para entonces estaba a punto de cumplir treinta años y ¡no tenía tiempo que perder! Revisar y ajustar el plan del día, se convirtió en mi obsesión. Mi plan comprendía una serie de etapas para adquirir rápidamente un nivel de experiencia de base amplia en diversos entornos de la tecnología dentro de los primeros cinco años. Los rápidos movimientos del empleo y los cambios empresariales permitían aumentos salariales agresivos. La parte más difícil del plan era crear "el discurso del ascensor" para conseguir mi primer empleo. Después de todo, ¿quién querría contratar a un violinista para escribir programas de computadora?

Era enero de 1987 y la economía en Houston estaba recuperándose poco a poco. Muchos trabajadores petroleros, geólogos e ingenieros que habían perdido sus puestos de trabajo encontraron una opción capacitándose como programadores de computadoras. Las ciencias de la computación era un campo prometedor, pero la competencia para encontrar trabajo era feroz. Yo sabía que tenía que encontrar un empleo rápidamente. Y estaba listo para poner en marcha mi plan de acción. La escuela ofrecía escasos puestos de empleo con escasas posibilidades. Las empresas de búsqueda de empleo ofrecían sus servicios cobrando una tarifa, y yo no quería pagarle a alguien para que me consiguiera un trabajo

¡La inspiración golpeó de nuevo! Sabía que tenía que haber empresas con poco presupuesto y la necesidad de programadores informáticos. Y que probablemente apostarían por alguien como yo. Inmediatamente pensé en el gobierno, que es conocido por no tener buenos salarios, y en el que la experiencia y el talento podrían no ser requisitos insalvables. Busqué en la guía telefónica e hice llamadas a varias oficinas del condado y la ciudad. Una llamada fue para el director del departamento de procesamiento de datos en un condado vecino. Casi me caigo de la silla cuando me dijeron que había una vacante para programador principiante con al menos un año de experiencia. Lo convencí de permitirme ir a una entrevista. ¡Después de todo, ya tenía seis meses de experiencia escribiendo programas en la escuela! Una semana después fui contratado con un salario inicial anual de $ 22 mil dólares.

Seguí fiel a mi plan de acción. Después de un año en el condado, tomé un trabajo de analista de programación en una distribuidora privada de automóviles durante dieciocho meses, y luego firmé un contrato de dos años como analista de una compañía de tuberías de gas natural. Con cada movimiento sucesivo, subía de escalafón y acumulaba experiencia en muchas aplicaciones de negocios e industrias. También tuve la oportunidad de volver a retomar mi carrera musical parcialmente. En abril de 1991, fui contratado por una empresa externa y me ofrecieron un puesto como gerente de desarrollo de software supervisando a un equipo de programadores en una empresa distribuidora de aparatos médicos. En poco más de cuatro años después de comenzar esta nueva carrera, me promovieron a la gerencia de Tecnologías de la Información y estaba ganando 60 mil dólares anuales. En la siguiente década me apoyé en mi plan de acción para incursionar en tres carreras de negocios, cada vez duplicando mis ingresos.

VI. MOMENTO DECISIVO

Tener más ingresos a nuestra disposición nos permitió adquirir cosas, mudarnos a una casa más grande, y disfrutar de frecuentes vacaciones en Europa. Curiosamente, entre más dinero ganaba, me sentía más atrapado. Tenía un trabajo seguro pero lo encontraba cada vez más insatisfactorio y mi mundo se había vuelto estéril, y de una existencia sin sentido.

En 2001, me promovieron al puesto de Director de Calidad y Mejora de Procesos en una compañía de seguros de salud, que requería que tuviera que viajar de un 50 a un 80%. A pesar del agotador programa, todavía me dedicaba a trabajar por mi cuenta aquí y allá cuando el tiempo lo permitía. Tanta presión tuvo su efecto en mí, físicamente. Desarrollé una lesión por esfuerzo repetitivo en mi mano izquierda y tuve que usar una muñequera durante un mes seguido de seis semanas de terapia física. No podía tocar el violín durante todo ese tiempo. Cuando tuve la oportunidad de comenzar de nuevo después de la terapia, tuve que hacerlo muy lentamente. Mi fuerza y destreza estaban lejos de estar a un cien por ciento. Mi espíritu se derrumbó por lo difícil que resultaba para mí tocar hasta las cosas más simples. Dejé de tocar el violín completamente, me despedí de mi vida como violinista y me involucré por completo en mi trabajo. Una creciente sensación de inquietud brotaba dentro de mí, y cuanto más trataba de superarlo, más fuerte se manifestaba.

Durante este tiempo, vivía pegado a una maleta, aumenté de peso, comía demasiada comida rápida, embutidos, y había dejado de hacer ejercicio. Un día un fuerte dolor torácico me envió a la sala de urgencias en el 2005 y fue una llamada de atención. Mi salud se estaba resquebrajando. Mi empleo bien remunerado era frustrante y estresante. Mi estilo de vida me estaba matando. Me sentía desconectado emocionalmente y no alineado con mi propósito. Estaba en problemas. ¿Cómo se había extraviado mi vida tan lejos de aquellos días felices como músico callejero? ¿Qué lecciones necesitaría aprender para dejar atrás esto?

Reacio a cambiar la fórmula que había seguido durante casi dos décadas, una vez más la lógica y un llamado a cambiar mi modo de vida me guiaron. Desarrollé otro plan de acción para volver al camino correcto. Me fijé nuevas metas para mí. Me dediqué a nuevos comportamientos. Dejé de fumar. Me uní a un programa de control de peso bajo supervisión médica en un hospital y logré perder peso. Regresé al gimnasio y empecé a hacer ejercicio nuevamente. Comencé a leer libros de desarrollo personal y espiritualidad, entre ellos los de John Randolph Price. Empecé a meditar y lo establecí como rutina diaria. Asistía a retiros espirituales. Me aclaré bloqueos emocionales a través del poder curativo de aceites esenciales, de la oración y de la música. Quería entender las creencias inconscientes programadas dentro de mí. Estaba en busca de respuestas a las cuestiones espirituales y quería saber cuál era mi propósito.

Volví a leer **Piense y Hágase Rico**. Pero esta vez me enfoqué en el poder de la fe. Hill escribió, "*Tu mente subconsciente reconoce y actúa sólo ante los pensamientos que han sido bien combinados con la emoción o el sentimiento.... Usted no obtendrá resultados apreciables hasta que aprenda a llegar a su mente subconsciente con pensamientos o palabras habladas que han sido bien emocionalizadas a través de la creencia.*" Yo estaba dispuesto a dejar ir las viejas creencias y crear otras nuevas. Apliqué la autosugestión para cambiar las creencias que ya no eran valiosas para mí.

Y en medio de toda la agitación de estos esfuerzos, un nuevo nivel de comprensión se me reveló. Tuve que reconocer que lo que había experimentado en mi vida era exactamente lo que pone a uno en movimiento. Yo había sido recompensado con lo que quería en la vida - la seguridad financiera. En mi búsqueda del éxito, me hice de la vista gorda con la felicidad, la salud y el bienestar. El secreto, de hecho, cumplió y me dio su parte del trato. Fue en ese momento de claridad, que me di cuenta que ya no debía reprimir mi pasión por la vida y mis emociones. Necesitaba honrarlos, junto con el intelecto, y mi afición por la acción, de una manera equilibrada y armoniosa

VII. CUANDO REINA EL PENSAMIENTO

Hill describe la fe como el pensamiento emocionalizado. "*Los pensamientos que se mezclan con cualquiera de los sentimientos de las emociones constituyen una fuerza "magnética", que atrae pensamientos similares o relacionados.*" Me tomó años de análisis para reconocer que junto con el deseo consciente de ser rico, corría por mi cuerpo un conjunto de creencias inconscientes cargadas emocionalmente que servía para atraer a la gente y las situaciones hacia mí. Algunas de estas creencias eran útiles y tranquilizadoras: "Siempre tendré bendición financiera. Nunca me quedaré sin dinero." Y eso ha sido siempre el caso. Todavía me funciona hoy en día. Otras creencias, sin embargo, claramente han ido en contra mía: "Yo no merezco la abundancia de lujo, sólo la subsistencia modesta. Voy a tener solo el dinero suficiente para satisfacer mis necesidades modestas y evitar la pobreza." Las imágenes mentales conscientes que apoyaban mi deseo de acumular una gran fortuna no correspondían a estas creencias centrales. Por lo tanto, mis pensamientos y emociones entraban en conflicto. Aunque yo fantaseara con frecuencia de tener riqueza sin límites, si no hubiera tenido el compromiso intenso, emocional para sostener esa creencia con verdadera convicción, habría pocas posibilidades de que mi meta se materializara. Y eso es exactamente lo que pasó. Entre más dinero aparecía en mi vida, más me descontrolaba. Mi poder adquisitivo aumentó muchas veces, pero mi patrimonio neto se mantenía constante.

Mis creencias centrales no se enfocaban solo al dinero. También aplicaban de la misma manera en mi salud, bienestar y felicidad. Me quedé corto en cuanto a cambiar emocional, física y financieramente. Estas creencias me afectaron no solo a mí, sino también a mi familia, amigos y compañeros de trabajo. Era hora de otro momento de inspiración, de una acción audaz, y de "quemar puentes" nuevamente. La inspiración llegó en silencio a mí durante una de mis meditaciones matinales. "Deja que todo se vaya lejos de ti", escuché a mi voz interior decirme. "Deja que se vaya esa necesidad de controlar y permite que tu intuición te guíe. Dale a tu mente un descanso, John, es más fácil de lo que piensas." Y así, a regañadientes. Empecé un programa de sesenta días llamado "sin humanos" que estaba descrito en el libro de John Randolph Price. Se trata de una *Filosofía Espiritual para el Nuevo Mundo.* Un programa que fue diseñado para permitirle a uno "elevarse por encima del ego" y que consiste en la meditación diaria, un sistema de anotaciones, y "dejarse ir". En lugar de pedir las cosas o buscar soluciones a los problemas, las meditaciones se centran por completo en la contemplación de mi Ser Superior. El "puente quemado" para mí esa vez, ha sido lo más desafiante hasta la fecha. Significaba renunciar a mi necesidad mental de la estructura y las respuestas. Tuve que dejar de controlar y girar el volante más hacia la intuición para poder conducir. Y, para que esto funcionara, tuve que hacerlo por *voluntad propia.*

Al principio me concentré en amar y apreciar todo y a todos a mi alrededor, incluyéndome a mí. Esto significaba sonreír a la gente, tomarme el tiempo para escucharlos y hacer todo lo posible para aliviar sus cargas emocionales. En los aeropuertos, procuraba ser agradable con los agentes que cuidaban las puertas y lo mismo con los asistentes de vuelo. Ayudaba a otros pasajeros con sus pertenencias. Incluso ofrecí mi asiento gratuito de primera clase a una mujer que claramente denotaba que necesitaba descansar. El solo ver como se iluminaba su cara cuando le ofrecí intercambiar boletos hizo que valiera la pena el detalle. En el trabajo, me enfoqué en hacer lo necesario para conseguir complacer a mi jefe. Cuando me sentía estresado, me tomaba tiempo adicional para saludar a mis compañeros de trabajo y al personal, y buscaba la manera de transmitir mi agradecimiento y reconocimiento a cada uno de ellos. Dí "las gracias" tantas veces como pude tratando de no sonar ridículo. Empezó a gustarme mi forma de ser y, con el tiempo, mis días fueron más placenteros y se convirtieron en agradables y divertidos con esta nueva actitud. Mi paso era más ligero y mi nivel de estrés se redujo. Volteaba hacia atrás para reflexionar y hacia adelante para mejorar en mí trabajo diariamente. Y la gente a mi alrededor empezó a sonreír y a reír más. Las reuniones se volvieron agradables y estaba disfrutando realmente de mi trabajo. Los proyectos se realizaban con menor esfuerzo. Los problemas se resolvían con menos trabajo y más facilidad. Las relaciones se hicieron más armoniosas. Y el temor y la ansiedad se desvanecieron como por arte de magia.

A medida que mi mundo cambió a mí alrededor, yo sabía que esto era evidencia de que algo bueno me estaba sucediendo. Mis creencias centrales estaban empezando a cambiar. Lo que estaba atrayendo a mi vida reflejaba ese cambio. Había vuelto a reconectarme con mis emociones y éstas estaban alineadas con mis creencias nacientes. Mi comprensión y conexión emocional con la abundancia se expandió para incluir otras áreas de mi vida. Pude ver y sentir un hilo común que conectaba la riqueza material, las relaciones amorosas, la salud, el bienestar y mi propósito definido. A través de su interconexión, cada aspecto se benefició de ese flujo energético.

Pronto, las oportunidades de trabajo en Houston comenzaron a presentarse. Una de ellos, en particular, se presentó en mi buzón de correo electrónico desde un sitio web de búsqueda de empleo. ¡Era el trabajo ideal y todo un filón de todo lo que pudiera imaginar! Una oportunidad para dirigir un equipo y crear una organización por parte de un reconocido y galardonado líder nacional en la atención sanitaria; un trabajo considerado como uno de los mejores lugares para trabajar en el área metropolitana de Houston; la paga era excelente; un equipo talentoso y energético; un jefe muy capaz y en búsqueda de alguien con mis habilidades; una ubicación de la oficina a sólo diez minutos de mi casa, y lo mejor de todo, ¡sin tener que realizar viajes! Finalmente, mis noches y fines de semana las podría pasar en casa con mi familia y perseguir otros intereses en lugar de estar alojándome en hoteles y atravesando puertas de abordaje en aeropuertos. Sí, ese era mi trabajo soñado. Sólo tenía que encontrar la manera de que ellos me contrataran.

El proceso de contratación tomó cerca de dos meses. Todo comenzó con varias rondas de entrevistas intensivas con el reclutador y el director de recursos humanos, el personal, y mis probables compañeros de trabajo. Cada vez que me presentaba para otra ronda de entrevistas, la posibilidad aumentaba. Y esto me ponía cada vez más entusiasmado con la posibilidad de recibir una oferta. Durante todo este tiempo mantuve mi régimen diario de meditación, mi toma de notas y envío de vibraciones positivas de amor. Las entrevistas iban bien. Y yo estaba listo y me sentía confiado. Sonreía mucho y mostraba optimismo bajo el fuego. ¡Sabía que lo tenía en la bolsa!

Al final del proceso yo era uno de los dos candidatos que quedaban. Quedaba una última entrevista con el principal ejecutivo de la empresa. Mientras esperaba fuera de su oficina a la hora señalada, comencé a sentir en mi interior, un pequeño brote de esa vieja creencia de sentirme inseguro y no ser digno de tamaña oportunidad y esto se entrelazaba con mis nuevas creencias. De pronto empecé a desconfiar de mí, y alimentarme de un miedo que crecía dentro de mí. Y empecé a dudar. Me entró el pánico. ¿Por qué esto? ¿Por qué ahora? Respiré hondo varias veces y traté sin éxito de redirigir mis pensamientos. Para el momento en que fui escoltado a la oficina y me presentaron con el alto mando, me abandonaron la confianza y el aplomo. A medida que respondía a las preguntas y trataba de llevar a cabo un análisis integral, una gran voz dentro de mí me gritaba, "¿Qué estás haciendo? No perteneces a este lugar. No te mereces este tipo de felicidad. ¿A quién crees que engañas? ¡Lo estás arruinando! " Salí de la entrevista totalmente desbaratado. Abatido y cabizbajo, y sabía que no iba a conseguir el trabajo.

Y tenía razón. La oferta fue para el otro candidato y por supuesto, la aceptó. En la carta de rechazo, el director de recursos humanos me dijo que estuve muy cerca. Mis credenciales estaban a la par con el otro candidato, pero que la otra persona tenía algo especial que era precisamente lo que buscaban y que esa fue la diferencia. Me sorprendí de la forma en que reaccioné a la noticia. Mientras mi "viejo yo interior" denostaba, criticaba, y se revolcaba en la compasión, el odio y la culpa. Mi "nuevo yo" veía esto como una experiencia de aprendizaje. Asumí toda la responsabilidad por el resultado y resistí a la urgente tentación de echarme la culpa a mí mismo y a los demás. Sabía que tenía mucho trabajo por hacer para desprogramar mis viejas creencias. "Cuando esté listo, atraeré a una nueva oportunidad en mi vida." Eso es lo que opté por creer, como parte de mi nueva realidad.

A lo largo de este período de tiempo, continué con mi vida cotidiana de viajes de ida y vuelta entre Houston y Connecticut. Conforme mejoraban mi estado de ánimo y perspectiva, empecé a extrañar cada vez más mi violín. Siete años habían ya transcurrido desde que decidiera dejar de tocar. Y a pesar de que extrañaba hacerlo, me había mantenido en la idea de no volverlo hacer. De vez en cuando, tomaba el violín del estuche y tocaba en casa. Mi esposa y mis hijas se deleitaban escuchándome cuando lo hacía y siempre me animaban a volver a tocar. Sin embargo, estaba decidido a no escucharlas porque pensaba que ya era demasiado tarde para recomenzar.

Cuatro meses pasaron desde la entrevista de trabajo y recibí otro correo electrónico en mi bandeja de entrada de otra vacante de empleo. ¡Era para el mismo cargo y en la misma empresa! ¿Qué estaba pasando? ¿Cómo puede ser? Deliberé por un momento. ¿Debo aplicar de nuevo? Ellos no quisieron antes, ¿por qué me querrán ahora? Y entonces me dije, "¡Espera! ¡QUIERO esto! Y esta vez ¡Estoy listo! "Envié un correo electrónico directamente al director de recursos humanos para pedirle que considerara mi petición para el puesto nuevamente. Tuve respuesta ese mismo día del Director diciéndome lo contento que estaba de saber nuevamente de mí y ofreció que me pasaría directamente hasta la ronda final para que no tuviera que pasar nuevamente por todo el proceso de entrevistas. De pronto, sentí la emoción de volver. Me habían dado una segunda oportunidad. Esta vez iba a ser diferente. Yo estaba emocionalmente en un lugar mucho mejor que cuatro meses antes.

El tiempo estaba de mi lado. Me estaba preparando para ir a un taller de cuatro días de desarrollo espiritual en Boerne, Texas. Puse mi intención de llegar al fondo de las cuestiones de mi creencia de una vez por todas.

Sabía que si podía borrar la persistente sensación de falta de méritos de mi conciencia, esos pensamientos no volverían a mí para sabotearme. El tema del taller fue "Despertando a un Nuevo Amanecer" ¿Acaso sería una reflexión de lo que pasaría en mi vida?

Fue en ese taller que tuve un gran avance al liberar un montón de viejo equipaje emocional inconsciente. La liberación fue profunda y reconocí mi propósito definido principal que era la de curar a otros mediante el uso de mis talentos musicales y otros talentos que había aprendido. En una de las sesiones me puse de pie frente al grupo y expuse mi intención de empezar a tocar el violín de nuevo. Incluso me comprometí con llevar el violín en nuestra siguiente reunión a celebrarse seis meses después para interpretar ante ellos. Fue una sensación estimulante. Me sentía entero de nuevo. Y mi conciencia cambió. Mi sentimiento de falta de méritos disminuyó. Ya no tenía sentido en mi nueva comprensión de mí mismo. Lo cambié por nuevos pensamientos que reflejaban una autoimagen mucho más diferente. "Lo tengo todo ahora, porque me han concedido el Reino. Nada falta en mi vida, y dejé que la plenitud de mi reinado entrara en perfecta expresión."

Literalmente, de la noche a la mañana, mi mundo cambió una vez más. A la mañana siguiente recibí una llamada telefónica de un promotor musical de quien no sabía durante años. Me dijo, "John, sé que dejaste de tocar ya hace un tiempo, pero estoy en un aprieto y quiero ver si realmente podrías ayudarme. Tengo tres conciertos de Navidad a realizarse en menos de un mes y necesito un fuerte maestro concertista para dirigir la orquesta. Te ofrezco lo doble de lo que normalmente pago, si estás dispuesto a hacerlo." Quedé boquiabierto. Antes de que pudiera pensar al respecto, acepté inmediatamente los tres conciertos de trabajo y le agradecí por haber pensado en mi. No estaba seguro aún cómo me las arreglaría para conseguir permiso de mi trabajo, pero sabía que tenía que hacerlo. También necesitaría de las próximas semanas para ponerme en forma musicalmente hablando y comprar un nuevo esmoquin.

Un día después de la llamada, recibí un correo electrónico del director de recursos humanos con la fecha para la entrevista final. Durante la entrevista, quería saber qué había pasado con la otra persona que había sido contratada unos meses antes. Se me dijo que no resultó la persona idónea, después de todo, y que no duró mucho tiempo en la compañía. Había renunciado para buscar otras oportunidades en otros lados. Y, cuando pregunté acerca de los comentarios del alto ejecutivo que me había entrevistado durante la entrevista decisiva, resultó que había quedado muy impresionado conmigo. (¡Fue evidente que en esa ocasión mis voces interiores me habían hecho pasar un mal momento!). Mi realidad había cambiado y una semana después fui contratado. En diciembre de 2008, comencé mi nuevo empleo (que me encanta aún más hoy en día), cambié mis viajes y mi estatus de viajero frecuente por la dicha de pasar las tardes y fines de semana en casa, y regresé a mi pasión por tocar el violín. Como si una ola gigantesca de la abundancia hubiera inundado de repente mi mundo, me vi de pronto repleto de recompensas abundantes de riqueza profesional, personal, musical y emocional. El secreto del Dr. Hill había funcionado de nuevo para mí, tan fielmente como en el pasado. Mis pensamientos, emociones y acciones estaban alineados una vez más, pero esta vez en armonía con el propósito definido. La integración fue total.

CONCLUSIÓN

Al reflexionar sobre mi vida, he sido bendecido con muchas experiencias y demostraciones maravillosas de la fórmula del secreto. Ya sea que mi objetivo fuera vivir en el extranjero, generar ingresos, o crear felicidad y alegría, los principios descritos en **Piense y Hágase Rico** son intemporales y universales. Y continuaran prestando servicio mientras siga creando mi realidad.

Hill, lo resumió mejor cuando dijo: "*estos son los pasos que son*

esenciales para el éxito en todos los ámbitos de la vida ... [que] conduce a la libertad e independencia de pensamiento ... a la riqueza en cantidades pequeñas o grandes ... que garantizan favorables resultados ... [que] convierten los sueños en realidades físicas ... [y] dominan el miedo, desalientan la desmotivación, y la indiferencia ... y [por] el privilegio de elaborar uno mismo su boleto de viaje , y hacer que la vida nos restituya con cualquier cosa que le pidamos."
En este momento de mi vida, puedo decir honestamente que he logrado cada uno de estos resultados. Y, es una sensación excelente.

Acerca de John Cramer

John Cramer dirige el programa Efectividad Organizacional en una gran empresa regional sanitaria de Houston, Texas. John es un innovador, es también Seis Sigma Master Black Belt certificado, y violinista profesional. Le puede escribir en: jcramer3@comcast.net.

Las Verdades Universales que Hizo Eco Napoleón Hill

por
Rev. Dr. Sam Boys
Donaldson, Indiana

*"El mundo dentro de su cabeza es más grande
que fuera de ella"*
–Sócrates

Hay dos frases que están entre los más importantes principios rectores de mi vida durante muchos años. El primero, que pareciera ser un cliché actual (pero que en realidad es de una sabiduría antigua) que dice: "Dónde va la mente, la energía fluye." Y la segunda frase es una que mi papá me enseñó hace muchos años y que dice: "Planea tu trabajo, y luego trabaja tu plan." Estas dos verdades son, al mismo tiempo muy simples y muy difíciles. Ambas se han expresado y reexpresado por muchas generaciones y aparecen a lo largo de los siglos en la literatura, la mitología, la ciencia, la filosofía e incluso en textos sagrados. Estas verdades también han sido articuladas más claramente y de manera profunda en las obras de Napoleón Hill. Principios Básicos como estos se destacan en **Piense y Hágase Rico**, esbozando los pasos hacia el éxito y la prosperidad mediante el establecimiento de un propósito definido, y la canalización de un deseo ardiente a través de la fe aplicada y la atención controlada.

En este capítulo, me gustaría establecer una conexión entre las verdades que se encuentran en **Piense y Hágase Rico**, y el Nuevo Testamento, específicamente el relato de Jesús y Pedro caminando sobre el agua, que se encuentra en Mateo 14: 22-33. La siguiente es una paráfrasis de este relato antiguo. Me gusta llamarlo:

Pedro Camina en el Agua ... Casi

o

A Un Metro de la Salvación

Este relato comienza así, los discípulos de Jesús se encuentran en un barco en medio del mar. Jesús no está con ellos porque se ha quedado en tierra para atender a la multitud de personas reunidas allí. Conforme se acerca la noche y comienza a oscurecer, una tormenta comienza a formarse. El viento es inclemente y causa enormes olas que agitan peligrosamente el bote sacudiéndolo de un lado a otro durante toda la noche. Los discípulos batallan contra la tormenta, tratando desesperadamente de mantenerse a flote.

Y justo antes del amanecer se ven sobre el agua y ven acercarse hacia ellos una figura fantasmal. Se aterrorizan. A medida que la figura se acerca cada vez más a ellos, se oye una voz: "No tengan miedo. ¡Soy yo! "De inmediato reconocen que es Jesús. Y Pedro se emociona tanto que de inmediato salta del bote, en el agua, y empieza a caminar - casi corriendo sobre el agua hacia Jesús. Y justo cuando está a punto de llegar a él, se detiene. Quitando sus ojos del objetivo que era Jesús, e invadiéndolo el miedo. Mira a su alrededor y ve el fuerte viento y las olas crecientes, y piensa, "Hey... ¿qué estoy haciendo? No puedo caminar sobre el agua." Y es en ese preciso instante que se hunde. Entonces Jesús se agacha y lo toma de la mano levantándolo, y quedando ambos de pie sobre el agua una vez más. Y Jesús le dice a Pedro: "¿Por qué tienes miedo? ¿Acaso no tienes fe? "Luego ambos se suben al bote, el viento desaparece y el sol sale nuevamente. Quedando todos en el asombro total.

Esta es una historia extraordinaria, sin embargo, revela una escena muy común en nuestra experiencia humana. Nos dice muchas cosas. En primer lugar, comienza con la oscuridad y el caos. Las tormentas son poderosas metáforas del caos y el miedo, y la oscuridad la relacionamos con lo desconocido y la lucha contra lo que San Juan de la Cruz llama la noche oscura del alma. Este estado del ser es común en nuestro mundo cotidiano, en muchas personas de nuestro mundo vive el miedo. El miedo al cambio. El miedo a lo desconocido. El miedo al fracaso. El miedo a cosas nuevas. Tenemos miedo de morir. Tenemos miedo de vivir. Hemos sido condicionados a permanecer en nuestros propios paradigmas y nunca salirnos de esos patrones en busca de nuevas empresas, porque no creemos que podamos. Hemos estado muy condicionados por nuestra vida diaria que de hecho compra la idea de que no tenemos control – y que el mundo exterior es mucho más real que nuestro mundo interior. Hemos sido socializados para creer que todos los eventos y circunstancias que nos rodean determinan lo que nos sucede. El Dr. Hill nos dice todo lo contrario. Una de las verdades reveladas por sus brillantes escritos es que: lo *que está dentro de nosotros es lo que crea aquello que está fuera de nosotros. Como pensamos, somos.* O, como dice Napoleón Hill: "*Todo lo que su mente pueda concebir y creer, la mente lo puede lograr*".

Esto se manifiesta en la historia de Jesús y Pedro. En primer lugar, en sus dudas y miedos, los discípulos no podían ver más allá de su propia visión del mundo. Ni siquiera reconocieron al principio a Jesús como la figura que se acercaba. Luego Pedro se liberó de este paradigma - sólo por un momento, cuando, en su emoción, fue capaz de ver a su propósito definido. Al igual que Andrew Carnegie en el libro de Hill, su objetivo era más que un desear simplemente, era un deseo ardiente - una oportunidad para actuar con valentía y entusiasmo. Así que Pedro, al principio, fue capaz de actuar sobre su deseo con una fe profunda y genuina, y lo hizo de inmediato, sin dilación.

Y Pedro mantuvo su atención en su objetivo. Una vez que fijó su atención en su propósito principal, centró su atención controlada en ese objetivo. Luego actuó. (Aquí es donde hace eco las dos verdades mencionadas al principio de este capítulo: "A dónde la mente va la energía fluye" y " Planee su trabajo, y luego trabaje su plan"). Como el Dr. Hill nos recuerda, la concentración y el enfoque en un solo objetivo ha sido el sello de éxito para muchas personas y organizaciones. Cuando nuestros pensamientos dominantes se fijan en nuestro propósito - entonces cualquier cosa es posible. Incluso caminar sobre el agua. ¿Cuántos de nosotros podemos caminar sobre el agua? ¿Acaso no podemos porque hemos sido condicionados a creer que eso no es posible? Pero Pedro dejó que esa creencia por un momento desapareciera de su mente y fue capaz de manifestar una nueva realidad.

Aquí está otra vez. El poder de nuestra intención. Tenemos que trabajar en el entrenamiento de nuestra mente subconsciente plantando ese inicio de pensamiento. El Dr. Hill lo ha explicado de esta manera: debido a que nuestra mente subconcosciente está impresa con muchos otros "programas" y pensamientos, una vez que nuestras mentes quedan impresas con el objeto de nuestro propósito definido, éste entra en acción por su cuenta – interpretando las ideas, los planes, y corazonadas cuya claridad y aplicabilidad nos sorprenderá. Pedro literalmente perdió la cabeza por un momento. Estaba tan concentrado en su objetivo, que los antiguos "programas" que le decían que era imposible caminar sobre el agua de repente fueron silenciados.

Todo comienza con un pensamiento. Los pensamientos suscitan emociones, las emociones producen una respuesta física en nuestro cuerpo que a su vez nos conduce a la acción. Así que nuestros pensamientos se manifiestan en forma tangible. Esta es la verdad básica del universo. Lo no material se vuelve material. ¿Cómo es posible que algo tan inmaterial como un pensamiento pueda producir algo tangible como la riqueza o la prosperidad? Esto involucra muchas cosas. Nuestra capacidad de elegir es fundamental. Es lo que nos distingue como seres humanos. Tenemos la capacidad de libre elección y de libre investigación. Somos los creadores de nuestra propia realidad. Nosotros somos esa conciencia que conduce el vehículo. Elegimos de un sinnúmero de posibilidades para fijar nuestra experiencia.

A continuación se aplica la fe. Jesús dejó muy claro que hacer algo extraordinario e inimaginable (como caminar sobre el agua) requiere de profunda fe. Una firme convicción de que es posible. Los principios de Napoleón Hill nos recuerda que: "*La fe es nuestra conciencia, creencia y armonía con los poderes universales. No debemos limitarnos a tener fe, hay que usarla*" Hill nos recuerda que es imposible tener una fe activa, aplicada sin una creencia definida en un poder supremo - una inteligencia infinita. Pedro tenía esta creencia, pero también había momentos en los que, como muchos de nosotros, las dudas y temores lo tomaron de rehén. Vencer el miedo, conquistar nuestra incredulidad, y reemplazarla por la esperanza (no 'pensar en solo desear' - sino hacerlo con una creencia central genuina) es la manera de utilizar nuestra fe aplicada para alcanzar nuestra meta.

Al igual que los mineros del oro en **Piense y Hágase Rico** (que, en su agotamiento y la duda dejaron de cavar justo cuando estaban, a sólo un metro de volverse ricos), Pedro estaba tan cerca de alcanzar su objetivo cuando la duda y el miedo se apoderaron de él. Quitó los ojos de Jesús y miró a su alrededor las olas y comenzó a darse cuenta de que estaba de pie en el agua en medio del mar. ¡Él estaba a sólo un metro de Jesús! Fue justo en ese momento que él se hundió. La respuesta de Jesús fue, "¿Por qué tienes miedo? ¿Acaso no tienes fe? "La duda y el miedo son en realidad los obstáculos a superar si queremos lograr nuestro objetivo. Tenemos que trabajar en esos aspectos para vencerlos.

En nuestra era moderna, con un estilo de vida acelerado, hay otros obstáculos que superar. Siendo el más grande nuestra tendencia a la distracción. Esto es aún un reto mayor de lo que enfrentábamos en tiempos de Napoleón Hill. Está claro desde el punto de vista de nuestra historia que, no únicamente Pedro sucumbió a la duda y el miedo, sino también a la distracción de su atención.

La distracción, literalmente significa salirse del rumbo que llevamos. Esto sucede muy a menudo en nuestro mundo moderno y tecnológico. ¿Cuántos de nosotros hemos experimentado alguna vez que al estar hablando con alguien más, le sonreímos y estamos viendo a esa persona, mientras nuestras mentes andan divagando en otros sitios? Exteriormente puede parecer que escuchamos, pero nuestra atención se divide. Estamos allí, pero en realidad no estamos. Y de repente nos damos cuenta de que no hemos oído una sola palabra de lo que la otra persona nos estaba diciendo. Perdimos el momento. Perdimos la conexión con el otro ser humano que está justo en frente de nosotros.

Otro escenario: Imagine encontrarse con alguien en el bar de un deportivo lleno de gente (tal vez un cliente, un amigo, un ser querido) y que está tratando de mantener una conversación con esa persona. Y que todo el tiempo, esa persona está constantemente mirando a una, dos o cinco pantallas de televisión detrás y por encima de su hombro de usted, o que se la pasa checando su teléfono celular revisando mensajes de texto, y constantemente desviando la mirada a la gente que pasa por allí.

Estamos viviendo en un mundo con una pantalla dividida. Ya no podemos ver un programa de televisión sin que aparezcan efectos visuales de propaganda publicitaria que distraen nuestra atención del programa que estamos viendo. Y el espectáculo que estábamos viendo es también fragmentado en segmentos más pequeños entre cada comercial. Los anuncios llegan tan a menudo y duran tanto tiempo que es casi imposible mantener un sentido de continuidad con el espectáculo. Incluso los comerciales se hacen más y más cortos – haciéndose más comerciales en cada interrupción.

Estos son sólo algunos ejemplos de lo que hoy es considerado como una norma. Es común presenciar estos escenarios a diario. La forma en que vivimos hoy en día pareciera estar cambiando nuestra forma de pensar, y la forma en que procesamos la información. No profundizamos en algún tema específico por mucho tiempo. De hecho, yo mismo, estoy condicionado por este moderno estilo de vida y hasta cuesta trabajo y esfuerzo poder sentarse y leer durante un largo periodo de tiempo. Es cada vez más difícil mantener la atención enfocada, profunda y sostenida en nuestras relaciones, trabajos, formas de conducir, y en nuestra vida cotidiana. En un momento dado, nos preguntamos: "¿En cuántos lugares estoy ahora, además de estar aquí? ¿Dónde está mi atención enfocada en este momento? ¿Está mi mente verdaderamente centrada en mi meta, o algo me distrae de poderlo lograr? "(Donde va su mente, la energía fluye).

Me he dado cuenta de esto en mi propia experiencia en la enseñanza. Muchos estudiantes de hoy ni siquiera soportan una clase de una hora sin estar checando sus teléfonos celulares. A medida que se desarrolla una discusión en el aula o estamos leyendo algo, es instintivo que suene un teléfono celular o una persona esté revisando sus mensajes entrantes de texto. Así que la pregunta que hago es: "¿Es el mensaje de texto más importante que lo que está pasando en la clase en ese momento? Si es así, ¿por qué éstas en la clase? Sin mencionar lo que me está indicando como profesor acerca de la importancia que ese alumno le pone a lo que sucede en el aula"

Es raro que ahora los estudiantes se sienten a reflexionar sobre los misterios del universo. En mis días de colegio, me acuerdo que pasaba horas sentado bajo un árbol pensando...observando... reflexionando...y a solas con mis pensamientos. ¿Acaso los estudiantes de hoy pasan tiempo a solas con ellos mismos en silencio, absortos en sus pensamientos...? ¿Simplemente, algunos de nosotros podemos estar quietos hoy en día? Según mi experiencia, no quieren, o no pueden. Tenemos que estar constantemente ocupados en alguna actividad. Enfrentando distracciones.

La gente está tan aturdida que casi no tiene tiempo para reflexionar sobre el mundo que les rodea. "Casi un tercio de los trabajadores sienten a menudo que no tienen tiempo para reflexionar sobre el proceso o el trabajo que realizan. Más de la mitad suele hacer malabares con demasiadas tareas al mismo tiempo. Un estudio de un año descubrió que no sólo los trabajadores cambian de tarea cada tres minutos durante la jornada de trabajo, sino que casi la mitad del tiempo la interrumpen".

La socióloga Maggie Jackson, en su libro *La Distracción*, pregunta: "¿Todo esto significa progresar? Tenemos razones para preocuparnos. Los niños son empedernidos realizadores de multitareas, es una generación que se adapta más fácilmente a esta nueva tecnología de ritmo acelerado y a los muchos subprocesos del mundo digital, ¿verdad? Después de todo, se sumergen un promedio de casi seis horas diarias en contenidos de medios no impresos, y una cuarta parte de ese tiempo están utilizando más de una pantalla, teclado, o canal. Casi un tercio de los adolescentes de catorce a veintiún años de edad hacen malabares para manejar hasta ocho medios de comunicación distintos, mientras hacen su tarea.

Sin embargo, a pesar de su alta fluidez tecnológica, estos mismos niños muestran un porcentaje muy bajo en sus habilidades de razonamiento crítico, paciencia y capacidad para resolver problemas relacionados con el razonamiento analítico. Jackson llega a la conclusión de que "no podremos llegar a ser una nación de personas reflexivamente capaces de resolver problemas analíticos mientras cultivemos una cultura de la distracción. No soy el único en preguntarse con qué frecuencia los niños experimentan el placer de sumergirse profundamente en un pensamiento, una conversación, o un estado del ser. ¿Será acaso que el hábito de enfocarse en algo es algo antiguo como si fuera un arte perdido, y curiosamente exhibido junto a la herrería de algún pueblo histórico? ("Como si le dijeran a un niño, mira cariño a ese hombre del siglo XX ¡haciendo sólo una cosa!)." Pareciera que todos somos cada vez más afectos a la multitarea, y al mismo tiempo, menos capaces de centrarnos exclusivamente y a profundidad en una sola tarea completamente.

Entonces... ¿cuál es la solución? ¿Cómo podemos convivir con esta alta tecnología, con multitareas, con una pantalla dividida en el mundo de la distracción y seguir siendo claros, enfocados y tranquilos? Cuando nuestra atención está tan dispersa y dividida, es como si fuera un rayo de luz que se difunde en muchas direcciones. Y cuando la luz se difunde, se vuelve más tenue. Si nuestro rayo de luz pudiera brillar en una sola cosa - ¡que brillante sería nuestra luz! Pero, puesto que hay muchas demandas de nuestra atención, nuestro rayo de luz se dispersa. ¿Cómo podemos enfocarla? ¿Cómo podemos hacer que la luz sea más intensa?

Piense en la metáfora del faro. Su haz de luz ilumina brillantemente para todos. Pero no se dispersa la luz. Se trata de un haz luminoso que se mueve de un lado a otro, completamente enfocada en una sola cosa a la vez. A medida que el haz se mueve, brilla con toda su fuerza en cada objeto, y luego pasa al siguiente objeto. Si pudiéramos ser como un faro, que pudiera centrarse 100% en una sola cosa a la vez. Un solo foco sobre un objeto es mucho más potente que varios focos a la vez. Y cuando traemos esta definición de propósito a nuestras vidas, nuestras relaciones se vuelven más fuertes, nuestras carreras florecen, y nuestra mente se vuelve más clara. Y la claridad de la mente es un ingrediente clave para el éxito y el bienestar.

Volviendo a Jesús y sus discípulos. Él continuamente nos recuerda, en sus enseñanzas, como el Sermón de la Montaña en el Evangelio de Mateo, que somos la luz del mundo, y ¡debemos dejar que nuestra luz brille! Para mantenernos enfocados en nuestras metas (porque nadie puede servir a dos amos) y aplicar nuestra fe con un deseo ardiente, y después poner esa fe en acción moviéndola de manera decisiva e intencionalmente hacia nuestra meta (planee su trabajo – trabaje su plan). De lo contrario, si permitimos que el viento y las olas de la duda y el miedo nos tomen de rehenes y nos distraigan, quitaremos nuestros ojos de nuestro objetivo, y entonces nos hundiremos.

Napoleón Hill nos recuerda a todos que la fe sólo existe en la medida en que la ponemos en acción. Y la clave para una fe viva es, en primer lugar, tener una actitud mental positiva. Una vez que lo hacemos, entonces podemos adoptar nuestro propósito definido principal, reafirmar el objeto de nuestro deseo a través de la oración, día y noche, y correr con perseverancia la carrera que tenemos por delante.

Me gustaría terminar compartiendo un pensamiento de las *Claves del éxito* de Napoleón Hill

"Cierre la puerta del miedo detrás de usted, y verá rápidamente la puerta de la fe que se abrirá ante usted. Aumentar y aplicar su fe es un proceso que toma tiempo y dedicación. Y nunca terminará con esta tarea, porque el poder que tienen a su disposición es infinito. Así como también lo son las recompensas que nos depara."

Acerca del Rev. Dr. Sam Boys

El Reverendo Dr. Sam Boys es Profesor Asociado de Filosofía y Religión en el Colegio Ancilla en Donaldson, Indiana. Recientemente presentó un libro con audio en CD acerca del poder curativo de la Respiración y el Sonido. Le puede escribir en: didjeridude@rocketmail.com

---

Si lo que deseas hacer es correcto, y crees en ello, sigue adelante y ¡hazlo! Pon todos tus sueños en él, sin importar lo que los demás digan ante cada derrota temporal que enfrentes, porque esos "demás" no saben que cada fracaso trae consigo la semilla de un éxito equivalente.

–Napoleón Hill

Cosechamos lo que Sembramos

por
Christina Chia
Kuala Lumpur, Malasia

Se dice que el secreto de **Piense y Hágase Rico** no es ningún secreto, porque usted ya lo conoce y lo posee. ¿Cuál es entonces el secreto que salta ante usted en cada una de las páginas?

Para mí, la respuesta se encuentra en el primer capítulo: "Los pensamientos son cosas" El resto de los 13 principios son el "cómo", que muestra los pasos para estimular pensamientos de calidad que ayuden a lograr los deseos de su corazón. Si usted es capaz de tocar en lo más profundo de su interior, logra aprender a intensificar la vibración de sus pensamientos para agudizar su intuición o su sexto sentido. El último capítulo revela los seis fantasmas del miedo y la susceptibilidad de una persona a las influencias negativas, conceptos que se deben tener en cuenta para evitarlos y protegerse contra ellos.

¿Podemos realmente pensar y volvernos ricos? Claro que sí. Todos nosotros podemos pensar y volvernos ricos. Es un hecho que todo comienza con una semilla de pensamiento. El pensamiento es la única cosa sobre la cual tenemos el control total. Nadie puede pensar por nosotros. Lo que nos sucede, depende de nosotros. Tenemos una mente consciente, que nos da el poder de elegir nuestros pensamientos. Una vez que la semilla de un pensamiento se planta en la mente subconsciente, el inconsciente se esfuerza para correspondernos por lo que hemos sembrado. La función del subconsciente es darnos lo que queremos. Por eso literalmente cosechamos lo que sembramos. Si usted siembra la semilla de pensamientos de riqueza en su "jardín de la mente", puede volverse rico.

El Dr. Hill utilizó su subconsciente para encontrar el título, **Piense y Hágase Rico**. Su editor pensó que al título usado en el manuscrito,

Trece Pasos a la Riqueza, le faltaba algo que llamara la atención y convertirse en un libro de éxito. Al Dr. Hill se le ocurrieron más de 500 títulos y ninguno lo convencía, y como se vió apremiado por el tiempo para que el libro se comenzara a imprimir, el editor le puso un ultimátum: o le asignaba el título al día siguiente o se iría a imprenta con el titulo que al editor se le había ocurrido, *Use la Cabeza y vuélvase un Triunfador*. Ante esta terrible posibilidad, Hill utilizó su conocimiento de la autosugestión para conseguir que su subconsciente trabajara rápido – haciendo que Hill hablara consigo mismo tan emotivamente que hasta sus vecinos pensaron que estaba peleando con su esposa. De ese modo y a la mitad de la noche, su subconsciente atinó en bautizar al libro con el ahora famoso, corto y dulce titulo de **Piense y Hágase Rico**.

Mi consejo para usted es que sea consciente de sus pensamientos. A través del uso de los 13 pasos de **Piense y Hágase Rico**, estimulará su mente para llegar a pensamientos creativos, a través de las ideas. Se dice que uno nunca está corto de dinero sino de ideas. De hecho las ideas puedan traducirse en dinero. Y cuando llegan a uno, lo hacen en forma de chispazo: asi que tiene que soplarle para que estalle en llamas y se conviertan en su deseo ardiente.

Ralph Waldo Emerson alguna vez dijo: "*Una sola idea puede tener más peso que el trabajo de todas las personas, animales y motores durante todo un siglo.*" Así que recuerde de darle vida a su idea. Plantelas en su jardín mental para siempre. Porque asi puede **Pensar y Volverse Rico**.

Acerca de Christina Chia

Christina Chia es Fundadora de la Sociedad Napoleón Hill (NHA) y ha organizado Convenciones Internacionales de Napoleón Hill en los años 2007 y 2010. Es Abogada Corporativa y Socia Fundadora de la firma de Abogados CHRISTINA CHIA LAW CHAMBERS, establecida en Kuala Lumpur, Malasia. Recientemente publicó su libro EL JARDIN MENTAL, un libro de prácticas motivacionales y de autoayuda. Le puede escribir en: www.nha2u.com.

Cambie la filosofía en un hábito

Michael Telapary
Burgh-Haamstede, Países Bajos

En el primer capítulo de Piense y hágase rico, Napoleón Hill cuenta la historia de Edwin C. Barnes. Este hombre tuvo un sueño y lo convirtió en un ardiente deseo. Físicamente no tenía nada para empezar, pero mentalmente estaba totalmente preparado: tenía el propósito definido de convertirse en el socio de negocios del gran Thomas A. Edison. Su ardiente deseo era tan fuerte que anuló todos los posibles problemas, adversidades o derrotas temporales.

Eso, en pocas palabras, es el secreto del libro. Si lo puede ver y soñarlo, usted puede hacerlo realidad. Permítame decirle cómo yo he aplicado el secreto.

En 1908, Napoleón Hill se cruzó con Andrew Carnegie y en unos pocos días, empezó a trabajar en el proyecto que se convertiría en **Piense y Hágase Rico**. Exactamente 100 años después, en agosto de 2008, mi camino se cruzó con el de Judith Williamson en el Centro Mundial de Enseñanza Napoleón Hill a través de un simple correo electrónico. Había leído **Piense y Hágase Rico** varias veces, pero todavía recuerdo la primera vez que empecé a leer el libro, yo no podía parar. La información contenida en el libro hizo que se me pusiera la piel de gallina. Fue para mí una mezcla de cosas que eran nuevas para mí y eran cosas que por mucho tiempo ya las conocía. Se me hizo muy curioso que siguiera leyendo el libro una y otra vez. Reflexioné sobre mi vida y me dí cuenta que muchos de los principios escritos en el libro ya los había aplicado en el pasado, hasta cierto punto.

Yo quería saber más acerca de Napoleón Hill y de su

Filosofía, así que le envié un correo electrónico a Judith relatándole la manera en que había estado utilizando la técnica del Dr. Hill para sintonizarme con la mente subconsciente de otra persona, y de este modo lograba obtener información especializada que me ayudaba a crear pinturas con aerógrafo de un realismo fotográfico increíble.

No imaginaba que al presionar el botón de "Enviar" de mi correo electrónico significaría un cambio en mi percepción del mundo.

Después de leer mi historia y ver los cuadros en mi sitio web, Judith me respondió con una propuesta: ¿podría yo crear 17 obras de arte que representaran los 17 principios de Napoleón Hill? (En primer lugar me sorprendió que ella estuviera hablando de 17 principios, porque hasta donde yo sabía, solo habían 13 principios en **Piense y Hágase Rico**).

Me tomó un par de horas pensar en ello. Mi ardiente deseo de saberlo todo sobre la filosofía de Napoleón Hill me bloqueó el pensamiento racional. En realidad, era una locura decir que sí a una persona que nunca había conocido, y crear una serie de 17 obras de arte a cambio de obtener más información acerca de la filosofía de Napoleón Hill - de hecho, trabajé en el proyecto diariamente durante 8 meses, a menudo más 12 horas al día. Sin embargo, me puse en acción de inmediato y le envié un correo a Judith con la respuesta: "Sí, será un placer poder crear esas 17 obras de arte." Estaba convencido de que esta era una oportunidad que me iba a acercarme más que nunca a mi propósito definido.

La primera obra significaba también uno de los principios más importantes para empezar, "la definición de propósito". Napoleón Hill habla repetidamente de la necesidad de definir un propósito principal en la vida, y de la fuerza que lleva implícita tener un propósito definido. Yo ya tenía mi propósito, y era aprender lo suficiente acerca de esta filosofía, para poder aplicarla con éxito.

He pintado con aerógrafo por más de 25 años, y en los últimos años aprendí la técnica de la aerografía fotorealista. Lo extraño es que a pesar de que sólo produje cuatro pinturas con esa técnica en particular, los resultados fueron tan sorprendentes que los espectadores de mi arte se confundían. Una parte de su cerebro les decía que era una fotografía, mientras que otros se negaban a creerlo, debido a que algunas secciones de la pintura eran imposibles de captar con una cámara.

Cuando le dije que sí a la petición de Judith, yo sabía que su petición era en base a las pinturas fotorealistas con aerógrafo que había visto en mi sitio web. También sabía lo que la filosofía afirma que se tiene que entrar en acción, incluso cuando el primer plan aún no esté listo. Así que esa misma semana acondicioné totalmente mi oficina y la convertí en un estudio de pintura, y como el invierno estaba por llegar y no quería salir de mi estudio de trabajo, ni separarme de mi esposa Karin todos los días, tuve que soportar el excesivo ruido que se generaba todo el día por la construcción de un sistema de suministro de aire en la casa.

Estaba totalmente listo para comenzar con mi primera obra de arte, "La definición de Propósito" Ya tenía una idea en mi mente y como de costumbre, empecé a hacer bocetos, utilizando programas de diseño gráfico por computadora, como Photoshop. Cuando quedó lista mi composición de baja resolución lo envié por correo electrónico a Judith para que realizáramos una lluvia de ideas en torno al boceto. A Judith le gustó mucho y me dijo que estaba bien. Le respondí que me agradaba que le hubiera gustado, porque ahora ya podría iniciar el proceso de pintura real, pero Judith no entendió mi reacción, y me dijo: "Pensé que esta era la obra de arte ya terminada."

En ese momento mi mente subconsciente empezó a trabajar tiempo extra para cambiar todo el plan, y me hizo decirle a Judith, "OK, no hay problema, si desea que las obras sean digitales, puedo hacerlo, podría utilizar software de 3D para subir la resolución de los cuadros, de tal modo que queden listos para impresiones artísticas de alta calidad por si fuera necesario, y la ventaja del arte digital es que se podían hacer cambios durante todo el proceso."

Ahora bien, este es un buen ejemplo de lo que su mente subconsciente puede hacer por usted si usted tiene un propósito definido: comprometerse a nuevas ideas y planes para acercarse a su meta, y cuando sea necesario poder cambiar los planes. Yo tenía fe en mi propósito definido, de que terminaría las 17 obras de arte a costa de lo que fuera. Pero justo después de Judith dio la aprobación para realizar las pinturas de forma digital, me di cuenta de que no tenía conocimiento real o experiencia acerca de software 3D - y acababa de reacondicionar toda mi oficina en un estudio para pintura con aerógrafo.

La solución vino en mi ayuda rápidamente: Tenía que comprar un software 3D nuevo y tomar todos los cursos necesarios para trabajar con él. Tuve la determinación suficiente para aprender todo lo que necesitaba saber sobre el software 3D y lo apliqué para crear mi obra "La definición de Propósito" en alta resolución, listo para imprimir. Eso fue hace casi 2 años, no he tocado mi aerógrafo desde entonces. Los grandes éxitos no suceden de la noche a la mañana, la mayoría de ellos llevan años de preparación física y mental, esperando la oportunidad adecuada. A pesar de que tenía que empezar desde el principio con nuevas herramientas, técnicas y conocimientos, convertí la adversidad en su contraparte física, el éxito.

El proyecto artístico de la obra de Napoleón Hill fue una experiencia increíble para mí, me transformó, tanto mental como físicamente. Muchas de las obras que hice en los primeros meses fueron totalmente renovadas después, porque no sólo ahora ya tenía mi comprensión y la práctica de la filosofía, sino también porque mis habilidades en el arte digital eran mucho mejores. Uno de los primeros principios que seguí consistió en escribir mi propósito y leerlo en voz alta dos veces al día hasta que pude soñarlo. Cuando leía mi declaración lo hacía con emoción, porque sabía que los pensamientos detrás de las palabras tenían que ser intensas para que el subconsciente los pudiera captar. Repetí mi declaración de forma consistente durante 8 meses hasta el último día del proyecto. No lo compartí con nadie más sino conmigo mismo, y ahora se lo mostraré para que pueda entender lo que sucede.

El 30 de abril del 2009, Michael Telapary llevará a cabo la tarea de realizar 17 obras de arte que representan los 17 principios del éxito de Napoleón Hill

A cambio, voy a invertir todo el tiempo necesario para dominar el arte digital, y voy a estudiar la filosofía de Napoleón Hill en profundidad para asegurarme de que cada obra encargada irradie el poder de motivación que acompaña a su principio.

Haré uso de mi alianza de mente maestra, conformada por Karin, Judith y yo.

Creo que cumpliré esta tarea el 30 de abril. Mi creencia en esto es tan poderosa que puedo realmente tocar las versiones impresas de las 17 obras de arte y las veo colgadas en la pared de mi estudio.

Voy a utilizar todos los planes, ideas e intuiciones que sean necesarias para lograr este objetivo, inmediatamente en el momento que los reciba.

El 30 de abril, del 2009, a las 11:45 pm, se imprimió mi último cuadro previsto.

Conocer el secreto no es suficiente; el gran reto llega cuando tiene que aplicar los principios del éxito en su vida diaria. Mediante el uso de la autosugestión, lea una y otra vez el así llamado secreto oculto en los capítulos, hasta que la mente subconsciente lo recoja y transforme la filosofía en todo un hábito.

Acerca de Michael Telapary

Michael Telapary es un artista y músico que ha trabajado por más de 25 años como empresario de negocios minoristas. Como Instructor Certificado de la Fundación Napoleón Hill ha encontrado muchas maneras de aplicar los 17 principios del éxito en sus proyectos creativos – especialmente en su arte y música. Uno de sus objetivos principales es divulgar la filosofía de Napoleón Hill por todo el mundo. La conducción y ejecución de talleres son dos herramientas poderosas que él utiliza para llegar a la gente. Para mayor información acerca de sus proyectos, visite su sitio web: www.tewanka.com.

A través de un poderoso y extraño principio de la "química mental" la naturaleza envuelve en el impulso de un fuerte deseo "algo" que no reconoce la palabra imposible ni acepta realidad alguna como fracaso.

—Napoleón Hill

El Escotoma:
¿Lo padeces?

por
Fred Wikkeling
San Jose, California

Mientras preparaba mis pensamientos de este capítulo, una palabra me vino a la mente: escotoma. ¿Sabe usted lo que es el escotoma? Casi todo el mundo lo padece, algunos más que otros - y lo peor de todo es que posiblemente ni siquiera sepa que lo padece.

La definición de escotoma en el diccionario dice: "un área de disminución de la visión dentro del campo visual." En otras palabras, un punto ciego. A pesar de que el escotoma es una enfermedad física, creo que se aplica a todos nosotros, porque sufrimos puntos ciegos mentales. Como dice el dicho, "No puede ver el bosque porque los árboles le estorban."

Posiblemente eso le ocurrió al no haber descubierto el secreto en **Piense y Hágase Rico**. Los secretos más obvios son las instrucciones para el autodominio del material descrito en los capítulos. Napoleón Hill nos dice lo que tenemos que hacer, y también que los secretos se encuentran justo frente a nuestras narices. Es mi más sincero propósito y deseo que logre ver, sentir y oír los muchos secretos que Napoleón Hill de manera tan elocuente roció en las páginas de este libro clásico.

El secreto no es un secreto para muchos. Si usted lo busca, vuelva a leer el libro otra vez con los ojos abiertos, buscando en cada página sugerencias, fórmulas específicas, ideas y múltiples pistas. Los secretos son los principios de apoyo y las fórmulas que transforman los pensamientos intangibles, ideas, sueños y metas en realidades tangibles en forma de bienes y servicios. Napoleón Hill le instruye con esos principios y fórmulas y luego lo alimenta de historias documentadas como confirmación y ejemplificación.

Permítame darle un par de pistas que podrían ayudarle. Recuerde que el título de los capítulos es un secreto en clave. Por ejemplo, en el subtitulo del capítulo 1, "el pensamiento y deseo se convierten en fortuna" vemos un pensamiento intangible transformado en millones de dólares tangibles, la fortuna.

También recuerdo que a lo largo del libro el Dr. Hill utiliza cursiva para exponer los secretos en clave. Nuevamente, en el capítulo 1, "Una de las principales características del deseo de Barnes fue ser definido en lo que deseaba. Quería trabajar con Edison, y no para él. . . . *"Pero había algo en la expresión de su rostro, que daba la impresión de que estaba determinado a conseguir lo que había de venir. "* Edison le brinda a Barnes la oportunidad de trabajar con él *"porque vi su decisión inquebrantable de intentarlo hasta tener éxito."* ¿Ve cómo Hill le estaba mostrando los secretos?

Con estas pistas en mente, ahora sígame a través de algunos de los temas más importantes que he encontrado en mi estudio de **Piense y Hágase Rico**.

El título del primer capítulo, "Los pensamientos son cosas," es el primer secreto. El Dr. Hill, explica: "*En verdad, los pensamientos son cosas y cosas poderosas que, cuando se mezclan con un propósito definido, persistencia, y un deseo ardiente se traducen en riquezas, u otros objetos materiales.*" El Dr. Hill se refiere a riquezas en muchas facetas diferentes. Mucha gente piensa que se refiere a la riqueza financiera. Sin embargo, la riqueza puede ser de tipo físico, mental y espiritual, así como las "grandes riquezas que se puede encontrar en las amistades duraderas, las relaciones familiares armoniosas, la simpatía y la comprensión entre los socios de negocios, y la armonía interna que trae la paz mental y que solo es medible en valores espirituales."

Una de las razones por la qué la mayoría de la gente no encuentra el secreto es que son incapaces de ver específicamente por el ojo de su mente lo que desean. Yo personalmente he luchado con el proceso de visualización. He aprendido a utilizar las afirmaciones para compensar mi falta de visualización. Repito una y otra vez: "Soy exitoso, soy exitoso, soy exitoso. Soy un ganador, soy un ganador, soy un ganador".

Las afirmaciones son la clave para construir la fe. El secreto de la fe se describe de la siguiente manera: "La fe es un estado de ánimo que se puede desarrollar a voluntad, después de haber dominado los trece principios, porque es un estado mental que se desarrolla de manera voluntaria, mediante la aplicación y el uso de estos principios. La repetición de órdenes a su mente subconsciente es el único método conocido de desarrollo voluntario de la emoción de la fe. "La repetición es la palabra operativa. Este es un gran secreto. La autosugestión es la clave para acceder a la mente subconsciente, y este es uno de los secretos más poderosos. Es el dominio de aprender a utilizar su mente de la manera más eficiente. En pocas palabras, conscientemente nos podemos conectar con el subconsciente mediante la autosugestión. Por ejemplo, al hacer un esfuerzo consciente para ver los secretos, se sugiere que utilice todos los cinco sentidos. Diciendo, veo los secretos, los siento, los escucho, los huelo, y me gustan los secretos.

El arte de la meditación es un camino para llegar, eventualmente, al subconsciente, pero la técnica de la autosugestión tiene un efecto más inmediato en el subconsciente. Todo el libro **Piense y Hágase Rico** se debe utilizar como guía para la autosugestión. El "secreto dentro del secreto" es trabajar de forma continua en el dominio de los principios del éxito. Esto debe ser un compromiso de por vida.

El uso de la mente subconsciente es uno de mis secretos favoritos. He estado fascinado con la complejidad de este poderoso aparato. "Hay muchísimas pruebas que apoyan la creencia de que el subconsciente es el eslabón de conexión entre la mente finita del hombre y la Inteligencia Infinita", al respecto escribió el Dr. Hill, "*Es el intermediario a través del cual se puede comunicar a voluntad con la Inteligencia Infinita.*"

El último principio y el secreto más grande del libro es la forma de desarrollar el sexto sentido. En verdad es un secreto poder acceder al sexto sentido, y pocos hombres y mujeres han logrado este sueño. "El sexto sentido desafía toda descripción", dijo el Dr. Hill. "*No se puede describir a una persona que no haya dominado los otros principios de esta filosofía, porque esa persona no tiene el conocimiento, ni la experiencia con la que se pueda comparar el sexto sentido. Entender el sexto sentido viene sólo por la meditación a través del desarrollo mental desde dentro. . . . Este principio es el ápice de la filosofía. Puede ser asimilado, comprendido y aplicado sólo por el dominio de los otros doce principios.*"

¿Qué piensa usted, logró erradicar su escotoma? ¿Ve usted los secretos que están delante de su nariz? ¿Son ahora los secretos más evidentes para usted? ¿Son más transparentes? Para mí sí lo son.

Para volver al principio, el último párrafo del capítulo uno dice: "Los Principios que Pueden Cambiar su Destino". Para que los principios funcionen, tiene usted que cambiar sus hábitos y practicar y vivir cada uno de ellos sobre una base diaria. Espero que los capte en **Piense y Hágase Rico** ahora con renovado interés y comience a aplicar los secretos todos los días de su vida.

Acerca de Fred Wikkeling

Fred Wikkeling es un Conferencista Internacional Motivacional e Inspiracional del área de la Bahía de San Francisco. Fred es Instructor Certificado por la Fundación Napoleón Hill e Instructor Certificado de "Personality Insights", empresa administradora de Evaluación de Perfiles de Personalidad D.I.S.C. Para su próximo evento contáctelo en: discpeople@gmail.com. Para mayor información, visite www.discpeople.com

Mis anteojeras estaban muy apretadas

Por
Christopher Lake
Tempe, Arizona

Lo admito: no encontré el secreto de **Piense y Hágase Rico** en la primera vez que lo leí. O en la segunda vez. Tal vez ni siquiera en la tercera. Sospecho que parte de la razón era que estaba intentándolo con mucha insistencia. Tomé las palabras del Dr. Hill como un reto personal:

> *Si usted está dispuesto a emplearlo, lo reconocerá por lo menos una vez en cada capítulo. Me gustaría enormemente tener el privilegio de decirle a usted cómo lo conocerá si se halla dispuesto a recibirlo, pero ello le privaría de gran parte de los beneficios que obtendrá cuando haga el descubrimiento por su propia cuenta.*

Habiendo fracasado raras veces en ejercicios intelectuales (las ecuaciones diferenciales era una excepción notable), y con licenciatura en Literatura Inglesa, tal vez me sobreestime y me sentía confiado en encontrar el mensaje del libro. Sin duda, creí que podría ver el secreto de inmediato. A esto se añadía una dosis de escepticismo, "con sólo pensar puedo volverme rico", que absurdo decía - y la anteojera no me permitía ver.

No entendí mucho de mi primera lectura de **Piense y Hágase Rico,** pero recuerdo haber pensado que estaba lleno de pseudociencia y, que a menudo se perdía en irrelevantes cuestiones religiosas. Desde luego, no vi el secreto en cada capítulo, y me irritaba no haber resuelto el rompecabezas. Eso fue hace unos cinco años.

Hoy en día creo que conozco el secreto y estoy aprendiendo a aplicarlo. Veo partes de mi vida que estoy seguro que no tendría si no hubiera trabajado para entender la ciencia del éxito. Es casi como hacer trampa el poder contar el secreto, pero para ser honesto, el hecho de saberlo y escuchar el párrafo que lo define, es completamente irrelevante. Lo importante es lo que se hace con ese secreto.

Aunque es probable que los compañeros que me han precedido en estos capítulos ya hayan revelado el secreto: les diré que el secreto es que su mente es un poder sin explotar para crear la vida que usted desea. De verdad usted puede pensar y hacerse rico, de hecho, usted no puede enriquecerse sin pensar. Eso es lo que comprobó el Dr. Hill en sus entrevistas con cientos de hombres de éxito. El denominador común de todo el éxito es aprender a controlar el poder de la mente.

Para mí, el más poderoso de los 17 principios es la fe aplicada. Yo consideraba a la fe como algo inútil y hasta tonto; como la televisión, que para mí es "el opio de las masas." Crecí en un hogar agnóstico - ni religioso, ni antirreligioso – lo que significaba que no tenía ninguna base para comprender la espiritualidad. Veía la palabra fe y de inmediato venía a mí una imagen de Dios (de barba blanca y todo lo demás – tal y como lo conocía por las obras de Miguel Ángel). Fue sólo después de que comencé a estudiar las obras del Dr. Hill que me di cuenta de que la fe abarca una parte mucho mayor de la vida de lo que yo había interpretado desde la infancia.

Bastó con abrir el concepto de la fe para que hubiera un cambio fundamental en mi forma de pensar. De hecho, tuve que *dejar* de pensar y olvidarme de algunas cosas en las que creía antes de que pudiera obtener un control sobre mi vida. Una vez que empecé a aprender acerca de la fe, comencé a dejar que las cosas espirituales vinieran a mi mente para reflexionar sobre aquellos pensamientos, que en otros tiempos hubiera rechazado de inmediato. A pesar de que la fe no es solamente una cuestión que tiene que ver con la iglesia y la religión, me encontré que al asistir a la misa católica con mi esposa me hacía sentir. . .muy bien. Tal vez eso demostraba que tenía fe después de todo.

En retrospectiva, creo que en realidad estaba buscando un significado más profundo en mi vida, y permitir que la fe influyera en mí fue un paso fundamental hacia ese objetivo. Sin embargo, reconocer y aceptar el poder de la fe es sólo la mitad del principio: la fe se debe aplicar o de lo contrario no significa nada.

La Fe aplicada resume toda la ciencia del éxito para mí, porque en esa frase esta la idea poderosa, *"los pensamientos son cosas"*, y está también el enemigo común para la mayoría de la gente, "la falta de acción". Con el uso de una actitud mental positiva y viviendo con la fe de que todo es posible he podido actuar con la convicción de que voy a tener éxito. (Sin embargo, no me arriesgaré de nuevo con las ecuaciones diferenciales para probar esto.) Siempre me ha gustado la frase: "Es fácil saber qué hacer, pero difícil de hacer lo que sabes." Una vez que se ha comenzado a estudiar los principios del éxito, hacer lo que uno sabe es más fácil y lo mejor de todo - mucho más divertido.

Me parece irónico que al esforzarme por comprender el secreto de **Piense y Hágase Rico** hubiera fracasado por no haber leído y comprendido bien el propio título. Está justo ahí a la vista de todos para que cualquiera lo pueda leer. Estoy agradecido de haber encontrado el secreto, pero aún más agradecido el haber conocido la importancia de su aplicación. Les deseo un gran éxito en su práctica de la filosofía del Dr. Hill.

Acerca de Christopher Lake

Christopher Lake es un escritor, consultor de marketing y webmaster en la Fundación Napoléon Hill. Es también Instructor Certificado por la Fundación, y un entusiasta de la filosofía del Dr. Hill y atribuye gran parte de su éxito a su aprendizaje de los 17 principios. Vive y trabaja en Tempe, Arizona, y lo puede contactar en www.cmlstudios.com

---

En verdad, "los pensamientos son cosas," y cosas muy poderosas que cuando se mezclan con una definición de propósito, perseverancia, y un deseo ardiente, se pueden transformar en riquezas u otros objetos materiales.

–Napoleón Hill

¿Cuál es el Secreto?

por
John Stutte
Atlanta, Georgia

¿Cuál es el secreto de **Piense y Hágase Rico** al que se refiere Napoleón Hill y que se supone se menciona en cada página del libro? Presumiblemente es el famoso secreto de Carnegie y en lo que consiste exactamente, creo yo, siempre lo ha descrito muy bien con sus palabras el propio Napoleón Hill. De hecho, la esencia misma del secreto puede ser encontrado en la famosa cita por excelencia de Hill: "*Lo que la mente puede concebir y creer, lo puede lograr*".

En **Piense y Hágase Rico**, se proporcionan numerosas referencias a la fuerza del pensamiento, como por ejemplo: "Los pensamientos son cosas", "La definición de Propósito es el punto de partida para todas las riquezas" y "Nos convertimos en lo que pensamos", son citas del libro que afirman sin temor a equivocarse que nuestros pensamientos influyen en nuestras vidas y en todas las circunstancias. Todas estas citas están diseñadas para cultivar el pensamiento positivo y la fuerza de voluntad. Pero por sí mismos, estos conceptos no incorporan el secreto de Carnegie. Ellos sólo hablan de una parte de ello. Hill, nos menciona esto al final de su prologo:

> Y como palabra final para la preparación, antes de que comience usted a leer el primer capítulo, ¿puedo brindarle una breve sugerencia o más bien digamos "pista" mediante la cual se podrá reconocer el secreto del señor Carnegie? Es ésta: "TODO LOGRO, TODA RIQUEZA GANADA, HAN TENIDO SUS COMIENZOS EN UNA IDEA". Si usted está preparado para acoger el secreto, ya posee usted *la mitad*; por lo tanto, reconocerá *la otra mitad* en el momento que llegue a su mente.

La cita de Hill en el primer párrafo hace algo en particular que es muy especial para nosotros. Separó el secreto en dos mitades y lo hizo de manera concisa y poética. Los conceptos de la clave están en las rimas: Concebir, Creer, Lograr. Casi ni es necesario el resto. Las otras palabras son una especie de relleno para soportar una estructura fabulosa que ya se asienta sobre un fuerte cimiento. Y cada concepto aparece en el orden cronológico adecuado. ¡Concebir primero! Y a continuación, ¡Creer en ello y lograrlo! Concebir y creer son los componentes esenciales necesarios para el logro y la consecución de los resultados deseados.

El Dr. Hill escribió muchas cosas durante su vida que articulaban y rearticulaban esta idea, simple pero muy potente y difícil de lograr a menudo. Fue autor de varios libros, incluyendo el clásico, **Piense y Hágase Rico**, y varios libros más como la **Ley del Éxito**. A través de diferentes iteraciones, la filosofía desarrollada completamente en la **Ley del Éxito** incorpora 17 principios diferentes. En **Piense y Hágase Rico**, el Dr. Hill las reduce a sólo 13 "pasos": el Deseo, la Fe, la Autosugestión, los Conocimientos Especializados, la Imaginación, la Planificación Organizada, la Decisión, la perseverancia, el Poder de la Mente Maestra, la Transmutación del Sexo, la Mente Subconsciente, el Cerebro y el Sexto Sentido. Pero el secreto siempre se reduce a este elixir de dos partes, que está en su corazón. Los dos primeros principios de **Piense y Hágase Rico** que son: El Deseo – que corresponde a "Concebir" y la Fe – que corresponde a "Creer". Los principios restantes son herramientas diseñadas para ayudarnos a conectar los puntos y llevar a cabo la búsqueda del éxito. Un deseo ardiente cuando es impulsado por el poder de las emociones, como la fe, se convierte en la llave maestra de la riqueza. Página a página, se nos recuerda estos dos pilares de la filosofía, a veces sutilmente, y a veces descaradamente. Estos son algunos ejemplos sobre el capítulo de la fe:

Creo en el poder del DESEO respaldado por la FE, porque he visto que este poder eleva a los hombres...

La FE es el jefe químico de la mente. Cuando la FE se mezcla con la vibración del pensamiento, la mente subconsciente instantáneamente recoge esa vibración, la traduce en su equivalente espiritual, y lo transmite a la Inteligencia Infinita, como es el caso de la oración.

Las emociones de la FE, el AMOR y el SEXO son las más poderosas de todas las emociones positivas. Cuando los tres se mezclan, tienen el efecto de "colorear" la vibración de pensamiento, de tal manera que instantáneamente pueda llegar al subconsciente, donde se transforma en su equivalente espiritual, que es la única forma que induce a una respuesta por parte de la Inteligencia Infinita.

El amor y la fe son psíquicos; se relacionan con el lado espiritual del hombre. El sexo es puramente biológico, y se refiere únicamente a lo físico. La mezcla o combinación, de estos tres sentimientos tiene el efecto de abrir una línea directa de comunicación entre lo Finito, la mente pensante del hombre, y la Inteligencia Infinita.

Muchos consideran el trabajo de Hill como una extensión del *Movimiento del Nuevo Pensamiento*, un movimiento espiritual que se desarrolló en los Estados Unidos durante el siglo 19 y hacía hincapié en las creencias metafísicas. Se trata de un grupo conformado por denominaciones religiosas, organizaciones de miembros seculares, autores, filósofos e individuos que comparten un conjunto de creencias metafísicas acerca de los efectos del pensamiento positivo, la ley de la atracción, la curación, la fuerza de la vida, la visualización creativa, y el poder personal. Promueve la idea de que "la Inteligencia Infinita" o "Dios" está en todas partes. Se podría argumentar que Hill proporciona el secreto de Carnegie como un método para llegar, tener acceso y comunicación directa con un Poder Superior, o, en otras palabras, una manera de orar eficazmente.

La palabra "Concebir" se muestra de varias maneras a través del libro y es llamado por muchos nombres, como "visualización" y "deseo." Hill escribe una y otra vez que el punto de partida de todo logro es el deseo, y la mayoría de las veces añade la palabra "*ardiente*", formando la frase "deseo ardiente". La mezcla del Deseo con la Fe traspasa al deseo ardiente. La fe o creencia es la segunda mitad del secreto de Carnegie y es lo que diferencia a un deseo ardiente de un simple deseo.

Los pasos restantes nos llevan al desarrollo magistral y apoyo de la filosofía construida sobre el secreto, es decir, la mezcla del Deseo y la Fe, o, Concebir y Creer. La mayoría de estos pasos se inclinan más hacia reforzar una de las mitades del secreto o la otra. Por ejemplo, el tercer paso la *Autosugestión* desarrolla y apoya a la fe. Por otra parte, estos otros pasos ayudan a diseñar las acciones necesarias que inevitablemente derivan en el Deseo Ardiente y que son necesarias para obtener la meta o logro, lo que nos lleva nuevamente al círculo completo o punto de partida.

En el capítulo de conocimientos especializados, el Dr. Hill nos dice que hay dos tipos de conocimiento: el general y el especializado. El conocimiento general que es interesante, pero poco útil en la acumulación de dinero, nos muestra una forma de organizar e inteligentemente dirigir cierto conocimiento a través de planes prácticos de acción, hacia el objetivo final que es la generación de riqueza. Hill nos dice que el conocimiento se convierte en poder siempre y cuando esté organizado en planes definidos de acción, y dirigido hacia un fin definido.

Hill describe al siguiente paso, La Imaginación, como el taller literal de la mente en donde se confeccionan todos los planes creados por el ser humano. Esta cualidad apoya y refuerza el deseo, y lo establece claramente de la siguiente manera en ese capítulo:

El impulso, o DESEO, adquiere consistencia y se pone en ACCIÓN mediante la ayuda de la facultad imaginativa de la mente.

Se dice que el hombre puede crear cualquier cosa que imagine….

LA UNICA LIMITACIÓN DEL HOMBRE está en SU DESARROLLO Y EL USO DE SU IMAGINACIÓN.

Hill nos describe dos formas de imaginación:

IMAGINACIÓN SINTÉTICA: *Mediante esta facultad, uno puede echar mano de los viejos conceptos, ideas o planes para hacer nuevas combinaciones. Esta facultad no crea nada. Simplemente trabaja con el material de la experiencia, de la educación y de la observación, mediante la cual se alimenta. Es la facultad empleada por la mayoría de los inventores, a excepción del "genio", quien inmediatamente trabaja con la imaginación creadora cuando no puede resolver su problema con la imaginación sintética.*

IMAGINACIÓN CREATIVA: *Mediante esta facultad, la mente finita del hombre entra en comunicación directa con la inteligencia infinita. Es la facultad a través de la cual se reciben las corazonadas y las inspiraciones. Mediante esta facultad es cuando se entregan al hombre todas las ideas básicas o nuevas. A través de esta facultad es cuando un individuo puede armonizar o comunicarse con el subconsciente de otros hombres.*

La imaginación sintética siempre la he considerado como una aplicación más terrenal de la facultad imaginativa, mientras que la imaginación creativa siempre me ha parecido más etérea y nos da pistas e ideas de cómo conectarnos con la Inteligencia Infinita.

La planificación organizada nos ayuda a formar un plan o planes definidos y prácticos, mediante los cuales se realice la transformación del "pensamiento" en una "cosa tangible". En este capítulo se comienza a profundizar en la noción de otro principio, la mente maestra, que es el método eficaz de reclutamiento de las mentes, cuerpos y espíritus de otras personas en una alianza para lograr un fin o propósito mutuamente deseado.

El siguiente capítulo nos presenta el paso de la Decisión y aquí se nos dice que la FALTA de ella es una de las principales causas del fracaso. La dilación es descrita como lo opuesto a la decisión, y debe ser el enemigo común a derrotar. Junto con la amonestación acerca de los peligros que pueden causar el fracaso, Hill examina la importancia del hábito, y nos anima a desarrollar el hábito de la rápida toma de decisiones y empezar a poner en ACCIÓN los principios que se describen. Como lo hace a lo largo de todo el libro, el Dr. Hill cita en este capítulo a una de las muchas personas famosas que entrevistó mientras desarrollaba la filosofía del éxito. Esta vez, es Henry Ford. Hill, comparte con nosotros que la cualidad más destacada de Ford era su hábito de tomar decisiones de forma rápida y definitiva, y cuando se requería, cambiaba esas decisiones pero lentamente.

La perseverancia, es el siguiente paso, se nos dice que es un factor esencial en el procedimiento de transmutar el deseo en su equivalente monetario. También se nos dice que la base de la perseverancia es la fuerza de voluntad y que cuando ésta se combina adecuadamente con el deseo, hacen un par irresistible. Una vez más se explora la idea de sintetizar el deseo con las emociones y los poderes de la mente resultando en algo más poderoso que la suma de las partes.

La metáfora del fuego, o la noción de un "deseo ardiente" se repite en el desarrollo de este capítulo sobre la perseverancia. La calidad de esta perseverancia y su relación con el carácter del hombre es semejante a la relación del carbón con el acero y como se lee más adelante, la metáfora del fuego continúa:

El Autor lo checa a usted en este punto, porque,

La falta de perseverancia es una de las principales causas de fracaso. Además, la experiencia realizada con miles de personas ha demostrado que la falta de perseverancia es una debilidad común a la mayoría de los hombres. Es una debilidad que puede vencerse con el esfuerzo. La facilidad con que pueda conquistarse la falta de perseverancia depende enteramente de la INTENSIDAD DEL DESEO QUE TENGAMOS.

El punto de arranque de toda consecución es el deseo. Recuerde esto constantemente. Los deseos débiles producen resultados débiles de la misma manera que una pequeña cantidad de fuego produce poco calor. Si sabe usted que carece de perseverancia, esta debilidad puede remediarse avivando mucho más fuerte el fuego bajo sus deseos.

En el siguiente capítulo, se describe en detalle el principio de la Mente Maestra, y el Dr. Hill insiste en la cooperación armoniosa con los demás. Él continúa explorando el fenómeno de "poder" en la vida y en los negocios. En este capítulo se nos dice lo qué es el poder, cómo lograrlo y cómo manejarlo adecuadamente una vez que se obtiene. Hill, nos recuerda:

Ningún individuo puede alcanzar gran poder sin recurrir a la "Mente Maestra"

La transmutación del sexo, que Earl Nightingale etiquetó como "entusiasmo", es el siguiente paso y en pocas palabras, es "el cambio o la transferencia de un elemento, o forma de energía, en otra." La emoción del sexo da origen a un estado de ánimo extraordinariamente elevado. El punto de vista de Hill es que dentro de este paso se encuentra el medio de transformación de la mediocridad en genio. La transmutación del sexo es simple y fácil de explicar. Significa simplemente el cambio mental de los pensamientos de tipo físico, en pensamientos de otra naturaleza. Una vez más la imagen de un "deseo ardiente" es evocado, aunque su tratamiento aquí es cuidadoso, respetuoso y hasta sutil en ocasiones.

Los dos siguientes pasos son la mente subconsciente y el cerebro. Estos dos capítulos profundizan en la logística y la ciencia del pensamiento y la química electromagnética del cerebro. Hill nos indica cómo controlar en la mente lo que está permitido, para alcanzar los resultados deseados. En estos capítulos, podemos ver ambas mitades del secreto nuevamente:

Usted puede VOLUNTARIAMENTE plantar en su subconsciente cualquier plan, pensamiento o propósito que desee transformar en su equivalente físico o monetario. El subconsciente actúa primero sobre los deseos dominantes que se mezclan con las emociones, como por ejemplo la fe.

Y nuevamente hace referencia a la Inteligencia Infinita: EL SUBCONSCIENTE TRABAJA DÍA Y NOCHE. Mediante un procedimiento desconocido por el hombre, el subconsciente trabaja con las fuerzas de la inteligencia infinita con las cuales transforma voluntariamente nuestros deseos en su equivalente físico, utilizando los medios prácticos para poder lograr este fin.

A través de un medio al que Hill llamó "éter" y de un modo similar al medio utilizado por la tecnología de radiotransmisión, Hill establece que:

.....Cada cerebro humano es capaz de captar las vibraciones de pensamiento que están siendo emitidas por otros cerebros.

De acuerdo a la declaración del párrafo anterior, Hill compara y considera la descripción de la Imaginación Creativa, de forma igual como lo describe en el capítulo de la Imaginación. Él describe la imaginación creadora como el «aparato receptor» del cerebro, y que es quien recibe los pensamientos, liberados o transmitidos por los cerebros de los demás. Es la agencia de comunicación entre la mente consciente, o razonamiento, y las cuatro fuentes desde las cuales uno puede recibir estímulos para el pensamiento.

Cuando se estimula, o "refuerza" a un alto grado de vibración, la mente se vuelve más receptiva a las vibraciones del pensamiento que le llega a través del éter desde fuentes externas. Este proceso de "refuerzo" toma lugar a través de las emociones positivas, o emociones negativas. Y a través de estas emociones, aumentan las vibraciones del pensamiento.

Como podemos ver en estos párrafos, todos los pasos y todos los conceptos se unen para comenzar a trabajar en conjunto y enfocados en base a un deseo intenso e impulsado por la canalización de la energía proveniente de las emociones positivas.

El último paso en el libro, es el sexto sentido, en donde aparecen nuevamente las dos mitades del secreto. En este capítulo se profundiza aún más en el concepto de la Inteligencia Infinita. Finalmente, después de analizados los 13 pasos, Hill añade un capítulo donde nos advierte nuevamente del peligro que representa el miedo y su relación con las causas del fracaso.

Durante toda su vida, Hill buscó en repetidas ocasiones hasta encontrar la oportunidad de demostrar que el Deseo y la Fe, trabajando juntos contribuyen a que un pensamiento se convierta en realidad. Él trató de demostrar que el secreto funcionaba absolutamente, incluso en circunstancias aparentemente inútiles. Su segundo hijo había nacido con un defecto congénito que lo dejó "sordo de por vida." Hill estaba convencido de que su hijo poseía algo de audición. No permitió que fuera a escuelas especiales para niños con sordera, ni se resignó a que aprendiera el lenguaje de señas, porque no aceptaba la realidad que le decían los doctores. En lugar de eso, inculcó en su hijo el Deseo Ardiente de Oír.

Algunos podrían argumentar que estas medidas son demasiado extremas para los estándares actuales, pero el Dr. Hill explica en el libro su razón de actuar así. En el capítulo sobre el primer paso, el Deseo, Hill nos relata la historia de su hijo y la manera cómo empezó su aprendizaje para adaptarse a un mundo de oyentes, y su uso de la técnica de apretar los dientes en un fonógrafo para sentir sus vibraciones. Blair Hill, eventualmente alcanzó su propósito de oír y todo ello en una época donde había muy pocos recursos de apoyo médico para las personas con discapacidad. De hecho, este muchacho se convirtió con el tiempo en una persona muy productiva y exitosa, estableciéndose en Nueva York como vendedor de aparatos auditivos. Mientras escribía **Piense y Hágase Rico**, Napoleón y su segunda esposa vivieron en el apartamento de Blair.

Numerosas personas en los últimos años han señalado que a pesar de haber leído **Piense y Hágase Rico** una y otra vez, todavía no logran descubrir el secreto que Hill refiere en su prólogo. Dicen que son incapaces de hacerlo, incluso si tratan de leer "entre líneas." Espero que este análisis del libro le sea de utilidad en su próxima lectura. Y en lo personal, recomiendo que lea el libro tantas veces como le sea posible..Por experiencia, y como también nos lo ha dicho el Dr. Hill, funciona hacerlo constante y persistentemente una y otra vez. En otras palabras, conviértalo en un hábito. Póngale entusiasmo cada vez que lo haga. Haga que sea simple y fácil de hacer como si se ejercitara físicamente o ejercitara cualquier otra habilidad. Esmérese. Es una técnica que debe practicarse una y otra vez.

Si a pesar de lo anterior el secreto sigue siendo difícil de descubrir, me disculpo. Recuerde de todos modos que a lo largo de estas páginas se lo he estado diciendo, que el secreto está elegantemente cristalizado y encapsulado en esa maravillosa cita del Dr. Hill. *Lo que la mente puede concebir y creer, lo puede lograr.*

Acerca de John Stutte

John Stutte nació y se crió en Jefferson City, Missouri, donde conoció la obra de Napoleón Hill siendo adolescente. Después de estudiar música clásica y composición durante algunos años en la Universidad, cambió al área de negocios. En el 2002 retornó a su pasión y desde entonces ha producido los musicales "Nap" en Chicago y la obra "Eeek" un musical Off-Broadway en Nueva York.

Cada ser humano que alcanza la edad de la comprensión del propósito del dinero lo desea. Pero el simple deseo no trae riquezas, sino deseándolas con un estado mental que se convierta en obsesión, y luego planeando medios definidos de alcanzar esas riquezas, y respaldando esos planes con perseverancia que no reconozca el fracaso, sólo así se atrae esas riquezas.

—NAPOLEÓN HILL

EPÍLOGO

por
Don Green
Wise, Virginia

Las Lecciones de Vida Bien Aprendidas

Millones de personas han leído **Piense y Hágase Rico**, el libro de autoayuda más vendido de todos los tiempos, pero la mayoría no descubren el secreto que prometía estar oculto en cada página. Esta observación se basa en la enorme cantidad de preguntas que al respecto recibe la Fundación Napoleón Hill alrededor de este tema.

Para mí el llamado "secreto" es simplemente aquellas ideas utilizadas como punto de partida de todas las fortunas. Nuestra imaginación es lo que nos coloca por encima de todos las demás especies y el hombre es el único que puede controlar sus propios pensamientos. Nuestra imaginación nos permite desarrollar ideas. Las ideas producen soluciones, no sólo para nuestras necesidades sino también para nuestros deseos.

¿Por qué entonces no hemos resuelto todos nuestros problemas y vivimos en la utopía? Vemos las cosas no necesariamente como realmente pueden ser, sino como creemos que parecen. Recibimos mensajes distintos, debido a las diferentes perspectivas

Podemos tener una visión 20/20 y todavía no ver lo que está delante de nosotros. Epicteto, un filósofo griego, escribió hace casi dos mil años: "Lo que me preocupa no es cómo son las cosas, sino más bien la forma en que la gente piensa que son" Más recientemente, mi colega Judith Williamson escribió que comprendiendo como funciona nuestra mente, podemos mejorar las circunstancias que existen en nuestras vidas. Los pensamientos que recibimos nos permiten tomar decisiones. En consecuencia, los pensamientos que tenemos y por los que actuamos hacen enormes diferencias en nuestras vidas.

Hay un viejo refrán que dice que nuestros hábitos nos hacen. Nuestros hábitos se hacen mediante la repetición de un acto hasta que se convierte en una segunda naturaleza. No importa si es un buen hábito. Todo hábito puede tener un efecto muy profundo no sólo en nuestras vidas, sino también en aquellos con quienes decidimos asociarnos. Por ejemplo, el hábito de fumar se vuelve tan involuntario que el pensamiento presta poca atención a este acto o al daño que nos está causando en el cuerpo. Sin duda, una persona que fuma en presencia de otras o con niños pequeños en un coche no está pensando. Él o ella simplemente están desarrollando en ese momento un hábito.

A lo que llamamos *secreto* en un libro despierta nuestra imaginación y nos pone a pensar. ¿Buscamos sólo el entretenimiento o deseamos obtener ideas que podamos usar para mejorar nuestras vidas y las de los demás? Es importante tener la mente ocupada para que nos guie a una vida de éxito. Podemos leer libros varias veces y obtener ideas diferentes, incluso a la décima o vigésima vez que lo hagamos. No es que el material cambie, sino lo que tenemos en la mente. Nuestra perspectiva cambia con la experiencia

Lo que leemos es importante, pero "lo que vemos" es mucho más importante. Fue Einstein quien dijo: "La imaginación es más importante que el conocimiento." Déjeme darle un ejemplo relacionado con mi carrera bancaria y de finanzas.

Cuando usted conduce por un terreno baldío o un edificio ruinoso ¿Qué es lo que ve? ¿un área llena de mala hierba, maleza y basura, o ve un parque infantil, una hermosa casa, un banco o una tienda? La diferencia entre una parcela de tierra que vale $ 20.000 o $ 2.000.000 dólares depende de la visión creativa. Por supuesto, las recompensas financieras son sólo una pequeña parte de la razón por la que necesitamos "Pensar y Hacernos Ricos", para ver el secreto necesitaremos de nuestra imaginación y darnos cuenta de que todos tenemos la capacidad para obtener ideas, elaborar planes y emprender las acciones necesarias para ver que las ideas se hagan realidad. Sin estas medidas de acción las ideas son solo sueños que pueden hacernos sentir bien, pero son de poco valor para el futuro.

El Psicólogo Viktor Frankl, mientras estuvo cautivo en un campo de exterminio alemán, se preguntaba qué es lo que le ayudaba a algunos prisioneros a sobrevivir mientras la mayoría no soportaba y moría. Frankl descubrió que aquellos que sobrevivieron tenían una visión de futuro, una misión que cumplir, un trabajo importante por hacer, mientras que la mayoría solo veían una muerte segura por delante.

Lo que la gente visualice con una fuerte emoción tiende a hacerse realidad. Especialmente en tiempos difíciles, ver las cosas de manera diferente es esencial. Las visiones positivas nos hacen seguir adelante; todos tenemos algo que anhelamos en nuestras vidas.

Acerca de Don Green

Don Green es Director Ejecutivo de la Fundación Napoleón Hill y ha enseñado el curso de la Ciencia del éxito (PMA) de Hill en la Universidad de Virginia en Wise. Con sus 45 años de experiencia como empresario, financiero y banquero, Green ha liderado los esfuerzos de recaudación de fondos de la Fundación desde el año 2000. Green actualmente reside y trabaja en Wise County, Virginia, lugar de nacimiento de Napoleón Hill.
